Sigmund Freud

Eine Kindheitserinnerung des Leonardo da Vinci

Verlag
der
Wissenschaften

Sigmund Freud

Eine Kindheitserinnerung des Leonardo da Vinci

ISBN/EAN: 9783957004468

Auflage: 1

Erscheinungsjahr: 2015

Erscheinungsort: Norderstedt, Deutschland

Hergestellt in Europa, USA, Kanada, Australien, Japan
Verlag der Wissenschaften in Hansebooks GmbH, Norderstedt

I.

Wenn die seelenärztliche Forschung, die sich sonst mit schwächlichem Menschenmaterial begnügt, an einen der Großen des Menschengeschlechtes herantritt, so folgt sie dabei nicht den Motiven, die ihr von den Laien so häufig zugeschoben werden. Sie strebt nicht danach, »das Strahlende zu schwärzen und das Erhabene in den Staub zu ziehen«; es bereitet ihr keine Befriedigung, den Abstand zwischen jener Vollkommenheit und der Unzulänglichkeit ihrer gewöhnlichen Objekte zu verringern. Sondern sie kann nicht anders, als alles des Verständnisses wert finden, was sich an jenen Vorbildern erkennen läßt, und sie meint, es sei niemand so groß, daß es für ihn eine Schande wäre, den Gesetzen zu unterliegen, die normales und krankhaftes Tun mit gleicher Strenge beherrschen.

Als einer der größten Männer der italienischen Renaissance ist Leonardo da Vinci (1452—1519) schon von den Zeitgenossen bewundert worden und doch bereits ihnen rätselhaft erschienen, wie auch jetzt noch uns. Ein allseitiges Genie, »dessen Umrisse man nur ahnen kann, — nie ergründen,«[1]) übte er den maßgebendsten Einfluß auf seine Zeit als Maler aus; erst uns blieb es vorbehalten, die Größe des Naturforschers zu erkennen, der sich in ihm mit dem Künstler verband. Wenngleich er Meisterwerke der Malerei hinterlassen, während seine wissenschaftlichen Entdeckungen unveröffentlicht und unverwertet blieben, hat doch in seiner Entwicklung der Forscher den Künstler nie ganz frei gelassen, ihn oftmals schwer beeinträchtigt und ihn vielleicht am Ende unterdrückt. Vasari legt ihm in seiner letzten Lebensstunde

---

[1]) Nach dem Worte J. Burckhardts, zitiert bei Alexandra Konstantinowa, Die Entwicklung des Madonnentypus bei Leonardo da Vinci, Straßburg 1907 (Zur Kunstgeschichte des Auslandes, Heft 54).

den Selbstvorwurf in den Mund, daß er Gott und die Menschen beleidigt, indem er in seiner Kunst nicht seine Pflicht getan.[1]) Und wenn auch diese Erzählung Vasaris weder die äußere noch viel innere Wahrscheinlichkeit für sich hat, sondern der Legende angehört, die sich um den geheimnisvollen Meister schon zu seinen Lebzeiten zu bilden begann, so verbleibt ihr doch als Zeugnis für das Urteil jener Menschen und jener Zeiten ein unbestreitbarer Wert.

Was war es, was die Persönlichkeit Leonardos dem Verständnis seiner Zeitgenossen entrückte? Gewiß nicht die Vielseitigkeit seiner Anlagen und Kenntnisse, die ihm gestattete, sich am Hofe des Lodovico Sforza, zubenannt il Moro, Herzogs von Mailand, als Lautenspieler auf einem von ihm neugeformten Instrumente einzuführen oder ihn jenen merkwürdigen Brief an eben denselben schreiben ließ, in dem er sich seiner Leistungen als Bau- und Kriegsingenieur berühmte. Denn an solche Vereinigung vielfältigen Könnens in einer Person waren die Zeiten der Renaissance wohl gewöhnt; allerdings war Leonardo selbst eines der glänzendsten Beispiele dafür. Auch gehörte er nicht jenem Typus genialer Menschen an, die, von der Natur äußerlich karg bedacht, ihrerseits keinen Wert auf die äußerlichen Formen des Lebens legen und in der schmerzlichen Verdüsterung ihrer Stimmung den Verkehr der Menschen fliehen. Er war vielmehr groß und ebenmäßig gewachsen, von vollendeter Schönheit des Gesichtes und von ungewöhnlicher Körperkraft, bezaubernd in den Formen seines Umgangs, ein Meister der Rede, heiter und liebenswürdig gegen alle; er liebte die Schönheit auch an den Dingen, die ihm umgaben, trug gern prunkvolle Gewänder und schätzte jede Verfeinerung der Lebensführung. In einer für seine heitere Genußfähigkeit bedeutsamen Stelle des Traktats über Malerei[2]) hat er die Malerei

[1]) »Egli per reverenza, rizzatosi a sedere sul letto, contando il mal suo e gli accidenti di quello, mostrava tuttavia quanto aveva offeso Dio e gli uomini del mondo, non avendo operato nell' arte come si convenia.« Vasari, Vite etc. LXXXIII. 1550—1584.

[2]) Traktat von der Malerei, neu herausgegeben und eingeleitet von Marie Herzfeld, E. Diederichs, Jena 1909.

mit ihren Schwesterkünsten verglichen und die Beschwerden der Arbeit des Bildhauers geschildert: »Da hat er das Gesicht ganz beschmiert und mit Marmorstaub eingepudert, so daß er wie ein Bäcker ausschaut, und ist mit kleinen Marmorsplittern über und über bedeckt, daß es aussieht, als hätte es ihm auf den Buckel geschneit, und seine Behausung, die ist voll Steinsplitter und Staub. Ganz das Gegenteil von alle diesem ist beim Maler der Fall, — . . . . denn der Maler sitzt mit großer Bequemlichkeit vor seinem Werke, wohlgekleidet, und regt den ganz leichten Pinsel mit den anmutigen Farben. Mit Kleidern ist er geschmückt, wie es ihm gefällt. Und seine Behausung, die ist voll heiterer Malereien und glänzend reinlich. Oft hat er Gesellschaft, von Musik, oder von Vorlesern verschiedener schöner Werke, und das wird ohne Hammergedröhn oder sonstigen Lärm mit großem Vergnügen angehört.«

Es ist ja sehr wohl möglich, daß die Vorstellung eines strahlend heiteren und genußfrohen Leonardo nur für die erste, längere Lebensperiode des Meisters recht hat. Von da an, als der Niedergang der Herrschaft des Lodovico Moro ihn zwang, Mailand, seinen Wirkungskreis und seine gesicherte Stellung zu verlassen, um ein unstetes, an äußeren Erfolgen wenig reiches Leben bis zum letzten Asyl in Frankreich zu führen, mag der Glanz seiner Stimmung verblichen und mancher befremdliche Zug seines Wesens stärker hervorgetreten sein. Auch die mit den Jahren zunehmende Wendung seiner Interessen von seiner Kunst zur Wissenschaft mußte dazu beitragen, die Kluft zwischen seiner Person und seinen Zeitgenossen zu erweitern. Alle die Versuche, mit denen er nach ihrer Meinung seine Zeit vertrödelte, anstatt emsig auf Bestellung zu malen und sich zu bereichern, wie etwa sein ehemaliger Mitschüler P e r u g i n o, erschienen ihnen als grillenhafte Spielereien oder brachten ihn selbst in den Verdacht, der »schwarzen Kunst« zu dienen. Wir verstehen ihn hierin besser, die wir aus seinen Aufzeichnungen wissen, welche Künste er übte. In einer Zeit, welche die Autorität der Kirche mit der der Antike zu vertauschen begann und voraussetzungslose Forschung noch nicht kannte, war er, der Vorläufer, ja ein nicht unwürdiger Mitbewerber von Bacon und Kopernikus, notwendig vereinsamt. Wenn er Pferde- und Menschenleichen zerlegte, Flugapparate baute, die Ernährung der Pflanzen und ihr Verhalten gegen Gifte studierte, rückte er allerdings weit ab von den Kommentatoren des Aristoteles und kam in die Nähe der verachteten Alchymisten, in deren Laboratorien die experimentelle Forschung wenigstens eine Zuflucht während dieser ungünstigen Zeiten gefunden hatte.

Für seine Malerei hatte dies die Folge, daß er ungern den Pinsel zur Hand nahm, immer weniger und seltener malte, das Angefangene meist unfertig stehen ließ und sich um das weitere Schicksal seiner Werke wenig kümmerte. Das war es auch, was ihm seine Zeitgenossen zum Vorwurf machten, denen sein Verhältnis zur Kunst ein Rätsel blieb.

Mehrere der späteren Bewunderer Leonardos haben es versucht, den Makel der Unstetigkeit von seinem Charakter zu tilgen. Sie machen geltend, daß das, was man an Leonardo tadle, Eigentümlichkeit der großen Künstler überhaupt sei. Auch der tatkräftige, sich in die Arbeit verbeißende Michel Angelo habe viele seiner Werke unvollendet gelassen, und es sei so wenig seine Schuld gewesen wie die Leonardos im gleichen Falle. Auch sei so manches Bild nicht so sehr unfertig geblieben, als von ihm dafür erklärt worden. Was dem Laien schon ein Meisterwerk scheine, das sei für den Schöpfer des Kunstwerkes immer noch eine unbefriedigende Verkörperung seiner Absichten; ihm schwebe eine Vollkommenheit vor, die er im Abbild wiederzugeben jedesmal verzage. Am wenigsten ginge es aber an, den Künstler für das endliche Schicksal verantwortlich zu machen, das seine Werke träfe.

So stichhaltig manche dieser Entschuldigungen auch sein mögen, so decken sie doch nicht den ganzen Sachverhalt, der uns bei Leonardo begegnet. Das peinliche Ringen mit dem Werke, die endliche Flucht vor ihm und die Gleichgültigkeit gegen sein weiteres Schicksal mag bei vielen anderen Künstlern wiederkehren; gewiß aber zeigte Leonardo dies Benehmen im höchsten Grade. Edm. Solmi[1]) zitiert (p. 12) die Äußerung eines seiner Schüler: »Pareva, che ad ogni ora tremasse, quando si poneva a dipingere, e però non diede mai fine ad alcuna cosa cominciata, considerando la grandezza dell' arte, tal che egli scorgeva errori in quelle cose, che ad altri parevano miracoli.« Seine letzten Bilder, die Leda, die Madonna di Sant' Onofrio, der Bacchus und der San Giovanni Battista giovane seien unvollendet geblieben »come quasi intervenne di tutte le cose sue . . . .« Lomazzo,[2]) der eine Kopie des Abendmals anfertigte, berief sich auf die bekannte Unfähigkeit Leonardos, etwas fertig zu malen, in einem Sonett:

»Protogen che il penel di sue pitture
Non levava, agguaglio il Vinci Divo,
Di cui opra non è finita pure.«

Die Langsamkeit, mit welcher Leonardo arbeitete, war sprichwörtlich. Am Abendmal im Kloster zu Santa Maria delle Grazie zu Mailand malte er nach den gründlichsten Vorstudien drei Jahre lang. Ein Zeitgenosse, der Novellenschreiber Matteo Bandelli, der damals als junger Mönch dem Kloster angehörte, erzählt, daß Leonardo häufig schon früh am Morgen das Gerüst bestiegen habe, um bis zur Dämmerung den Pinsel nicht aus der Hand zu legen, ohne an Essen und Trinken zu denken. Dann seien Tage verstrichen, ohne daß er Hand daran anlegte, bisweilen habe er stundenlang vor dem Gemälde verweilt und sich damit begnügt, es innerlich zu prüfen. Andere Male sei er aus dem Hofe des Mailänder Schlosses, wo er das Modell des Reiterstandbildes für Francesco Sforza formte, geradewegs ins Kloster gekommen, um ein paar Pinselstriche an einer Gestalt zu machen, dann aber unverzüglich aufgebrochen.[3]) An dem Porträt der Monna Lisa, Gemahlin des Florentiners Francesco del Giocondo, malte er nach Vasaris Angabe vier Jahre lang, ohne es zur letzten Vollendung

[1]) Solmi. La resurrezione dell' opera di Leonardo in dem Sammelwerk: Leonardo da Vinci. Conferenze Fiorentine. Milano 1910.

[2]) Bei Scognamiglio. Ricerche e Documenti sulla giovinezza di Leonardo da Vinci. Napoli 1900.

[3]) W. v. Seidlitz. Leonardo da Vinci, der Wendepunkt der Renaissance, 1909, I. Bd., p. 203.

bringen zu können, wozu auch der Umstand stimmen mag, daß das Bild nicht dem Besteller abgeliefert wurde, sondern bei Leonardo verblieb, der es nach Frankreich mitnahm.[1]) Von König Franz I. angekauft, bildet es heute einen der größten Schätze des Louvre.

Wenn man diese Berichte über die Arbeitsweise Leonardos mit dem Zeugnis der außerordentlich zahlreich von ihm erhaltenen Skizzen und Studienblätter zusammenhält, die jedes in seinen Bildern vorkommende Motiv auf das Vielfältigste variieren, so muß man die Auffassung weit von sich weisen, als hätten Züge von Flüchtigkeit und Unbeständigkeit den mindesten Einfluß auf Leonardos Verhältnis zu seiner Kunst gewonnen. Man merkt im Gegenteile eine ganz außerordentliche Vertiefung, einen Reichtum an Möglichkeiten, zwischen denen die Entscheidung nur zögernd gefällt wird, Ansprüche, denen kaum zu genügen ist, und eine Hemmung in der Ausführung, die sich eigentlich auch durch das notwendige Zurückbleiben des Künstlers hinter seinem idealen Vorsatz nicht erklärt. Die Langsamkeit, die an Leonardos Arbeiten von jeher auffiel, erweist sich als ein Symptom dieser Hemmung, als der Vorbote der Abwendung von der Malerei, die später eintrat.[2]) Sie war es auch, die das nicht unverschuldete Schicksal des Abendmals bestimmte. Leonardo konnte sich nicht mit der Malerei al fresko befreunden, die ein rasches Arbeiten, solange der Malgrund noch feucht ist, erfordert, darum wählte er Ölfarben, deren Eintrocknen ihm gestattete, die Vollendung des Bildes nach Stimmung und Muße hinauszuziehen. Diese Farben lösten sich aber von dem Grunde, auf dem sie aufgetragen wurden, und der sie von der Mauer isolierte; die Fehler dieser Mauer und die Schicksale des Raumes kamen hinzu, um die, wie es scheint, unabwendbare Verderbnis des Bildes zu entscheiden.[3])

---

[1]) v. Seidlitz l. c., II. Bd., p. 48.

[2]) W. Pater. Die Renaissance. Aus dem Englischen. Zweite Auflage 1906. »Doch sicher ist es, daß er in einem gewissen Abschnitt seines Lebens beinahe aufgehört hatte, Künstler zu sein.«

[3]) Vgl. bei v. Seidlitz, Bd. I die Geschichte der Restaurations- und Rettungsversuche

Durch das Mißglücken eines ähnlichen technischen Versuches scheint das Bild der Reiterschlacht bei Anghiari untergegangen zu sein, das er später in einer Konkurrenz mit Michel Angelo an eine Wand der Sala del Consiglio in Florenz zu malen begann und auch im unfertigen Zustand im Stiche ließ. Es ist hier, als ob ein fremdes Interesse, das des Experimentators, das künstlerische zunächst verstärkt habe, um dann das Kunstwerk zu schädigen.

Der Charakter des Mannes Leonardo zeigte noch manche andere ungewöhnliche Züge und anscheinende Widersprüche. Eine gewisse Inaktivität und Indifferenz schien an ihm unverkennbar. Zu einer Zeit, da jedes Individuum den breitesten Raum für seine Betätigung zu gewinnen suchte, was nicht ohne Entfaltung energischer Aggression gegen andere abgehen kann, fiel er durch ruhige Friedfertigkeit, durch Vermeidung aller Gegnerschaften und Streitigkeiten auf. Er war mild und gütig gegen alle, lehnte angeblich die Fleischnahrung ab, weil er es nicht für gerechtfertigt hielt, Tieren das Leben zu rauben, und machte sich einen besonderen Genuß daraus, Vögeln, die er auf dem Markte kaufte, die Freiheit zu schenken.[1]) Er verurteilte Krieg und Blutvergießen und hieß den Menschen nicht so sehr den König der Tierwelt als vielmehr die ärgste der wilden Bestien.[2]) Aber diese weibliche Zartheit des Empfindens hielt ihn nicht ab, verurteilte Verbrecher auf ihrem Wege zur Hinrichtung zu begleiten, um deren von Angst verzerrte Mienen zu studieren und in seinem Taschenbuche abzuzeichnen, hinderte ihn nicht, die grausamsten Angriffswaffen zu entwerfen und als oberster Kriegsingenieur in die Dienste des Cesare Borgia zu treten. Er erschien oft wie indifferent gegen Gut und Böse, oder er verlangte mit einem besonderen Maße gemessen zu werden. In einer maßgebenden Stellung machte er den Feldzug des Cesare mit, der diesen rücksichts-

---

[1]) E. Müntz. Léonard de Vinci. Paris 1899, p. 18. (Ein Brief eines Zeitgenossen aus Indien an einen Medici spielt auf diese Eigentümlichkeit Leonardos an. Nach Richter: The literary Works of L. d. V.)

[2]) F. Botazzi. Leonardo biologo e anatomico. In Conferenze fiorentine, p. 186, 1910.

losesten und treulosesten aller Gegner in den Besitz der Romagna brachte. Nicht eine Zeile der Aufzeichnungen Leonardos verrät eine Kritik oder Anteilnahme an den Vorgängen jener Tage. Der Vergleich mit Goethe während der Campagne in Frankreich ist hier nicht ganz abzuweisen.

Wenn ein biographischer Versuch wirklich zum Verständnis des Seelenlebens seines Helden durchdringen will, darf er nicht, wie dies in den meisten Biographien aus Diskretion oder aus Prüderie geschieht, die sexuelle Betätigung, die geschlechtliche Eigenart des Untersuchten mit Stillschweigen übergehen. Was hierüber bei Leonardo bekannt ist, ist wenig, aber dieses wenige bedeutungsvoll. In einer Zeit, die schrankenlose Sinnlichkeit mit düsterer Askese ringen sah, war Leonardo ein Beispiel von kühler Sexualablehnung, die man beim Künstler und Darsteller der Frauenschönheit nicht erwarten würde. Solmi[1]) zitiert von ihm folgenden Satz, der seine Frigidität kennzeichnet: »Der Zeugungsakt und alles, was damit in Verbindung steht, ist so abscheulich, daß die Menschen bald aussterben würden, wäre es nicht eine althergebrachte Sitte und gäbe es nicht noch hübsche Gesichter und sinnliche Veranlagungen.« Seine hinterlassenen Schriften, die ja nicht nur die höchsten wissenschaftlichen Probleme behandeln, sondern auch Harmlosigkeiten enthalten, welche uns eines so großen Geistes kaum würdig erscheinen (eine allegorische Naturgeschichte, Tierfabeln, Schwänke, Prophezeiungen[2]) sind in einem Grade keusch — man möchte sagen: abstinent —, der an einem Werke der schönen Literatur auch heute Wunder nehmen würde. Sie weichen allem Sexuellen so entschieden aus, als wäre allein der Eros, der alles Lebende erhält, kein würdiger Stoff für den Wissensdrang des Forschers.[3]) Es

---

[1]) E. Solmi. Leonardo da Vinci. Deutsche Übersetzung von Emmi Hirschberg. Berlin 1908.

[2]) Marie Herzfeld, Leonardo da Vinci der Denker, Forscher und Poet. Zweite Auflage. Jena 1906.

[3]) Vielleicht machen hier die von ihm gesammelten Schwänke — belle facezie, — die nicht übersetzt vorliegen, eine, übrigens belanglose, Ausnahme. Vgl. Herzfeld, L. d. V., p. CLI.

ist bekannt, wie häufig große Künstler sich darin gefallen, ihre Phantasie in erotischen und selbst derb obszönen Darstellungen auszutoben; von Leonardo besitzen wir zum Gegensatze nur einige anatomische Zeichnungen über die inneren Genitalien des Weibes, die Lage der Frucht im Mutterleibe u. dgl.

Es ist zweifelhaft, ob Leonardo jemals ein Weib in Liebe umarmt hat; auch von einer intimen seelischen Beziehung zu einer Frau, wie die Michel Angelos zur Vittoria Colonna, ist nichts bekannt. Als er noch als Lehrling im Hause seines Meisters Verrocchio lebte, traf ihn mit anderen jungen Leuten eine Anzeige wegen verbotenen homosexuellen Umganges, die mit seinem Freispruch endete. Es scheint, daß er in diesen Verdacht geriet, weil er sich eines übel beleumundeten Knaben als Modells bediente.[1]) Als Meister umgab er sich mit schönen Knaben und Jünglingen, die er zu Schülern annahm. Der letzte dieser Schüler, Francesco Melzi, begleitete ihn nach Frankreich, blieb bis zu seinem Tode bei ihm und wurde von ihm zum Erben eingesetzt. Ohne die Sicherheit seiner modernen Biographen zu teilen, die die Möglichkeit eines sexuellen Verkehres zwischen ihm und seinen Schülern natürlich als eine grundlose Beschimpfung des großen Mannes verwerfen, mag man es für weitaus wahrscheinlicher halten, daß die zärtlichen Beziehungen Leonardos zu den jungen Leuten, die nach damaliger Schülerart sein Leben teilten, nicht in geschlechtliche Betätigung ausliefen. Man wird ihm auch von sexueller Aktivität kein hohes Maß zumuten dürfen.

Die Eigenart dieses Gefühls- und Geschlechtslebens läßt sich im Zusammenhalt mit Leonardos Doppelnatur als Künstler und Forscher nur in einer Weise begreifen. Von den Biographen, denen psychologische Gesichtspunkte oft sehr ferne liegen, hat meines Wissens nur einer, Edm. Solmi, sich der Lösung des Rätsels genähert; ein Dichter aber, der Leonardo zum Helden eines großen historischen Romans gewählt hat,

[1]) Auf diesen Zwischenfall bezieht sich nach Scognamiglio (l. c., p. 49) eine dunkle und selbst verschieden gelesene Stelle des Codex Atlanticus: »Quando io feci Domeneddio putto voi mi metteste in prigione, ora s'io lo fo grande, voi mi farete peggio.«

Dmitry Sergewitsch Mereschkowski, hat seine Darstellung auf solches Verständnis des ungewöhnlichen Mannes gegründet und seine Auffassung, wenn auch nicht in dürren Worten, so doch nach der Weise des Dichters in plastischem Ausdruck unverkennbar geäußert.[1]) Solmi urteilt über Leonardo: »Aber das unstillbare Verlangen, alles ihn Umgebende zu erkennen und mit kalter Überlegenheit das tiefste Geheimnis alles Vollkommenen zu ergründen, hatte Leonardos Werke dazu verdammt, stets unfertig zu bleiben.«[2]) In einem Aufsatze der Conferenze Fiorentine wird die Äußerung Leonardos zitiert, die sein Glaubensbekenntnis und den Schlüssel zu seinem Wesen ausliefert:

»Nessuna cosa si può amare nè odiare, se prima non si ha cognition di quella.«[3])

Also: Man hat kein Recht, etwas zu lieben oder zu hassen, wenn man sich nicht eine gründliche Erkenntnis seines Wesens verschafft hat. Und dasselbe wiederholt Leonardo an einer Stelle des Traktates von der Malerei, wo er sich gegen den Vorwurf der Irreligiosität zu verteidigen scheint:

»Solche Tadler mögen aber stillschweigen. Denn jenes (Tun) ist die Weise, den Werkmeister so vieler bewundernswerter Dinge kennen zu lernen, und dies der Weg, einen so großen Erfinder zu lieben. Denn wahrlich, große Liebe entspringt aus großer Erkenntnis des geliebten Gegenstandes, und wenn du diesen wenig kennst, so wirst du ihn nur wenig oder gar nicht lieben können . . .«[4])

---

[1]) Mereschkowski, Leonardo da Vinci. Ein biographischer Roman aus der Wende des XV. Jahrhunderts. Deutsche Übersetzung von C. v. Gülschow, Leipzig 1903. Das Mittelstück einer großen Romantrilogie, die »Christ und Antichrist« betitelt ist. Die beiden anderen Bände heißen »Julian Apostata« und »Peter der Große und Alexei«.

[2]) Solmi. Leonardo da Vinci. Deutsche Übersetzung von Emmi Hirschberg. Berlin 1908, p. 46.

[3]) Filippo Botazzi. Leonardo biologo e anatomico, p. 193.

[4]) Marie Herzfeld. Leonardo da Vinci. Traktat von der Malerei. Nach der Übersetzung von Heinrich Ludwig neu herausgegeben und eingeleitet. Jena 1909 (Abschnitt I, 64, p. 54).

Der Wert dieser Äußerungen Leonardos kann nicht darin gesucht werden, daß sie eine bedeutsame psychologische Tatsache mitteilen, denn was sie behaupten, ist offenkundig falsch, und Leonardo mußte dies ebensogut wissen wie wir. Es ist nicht wahr, daß die Menschen mit ihrer Liebe oder ihrem Haß warten, bis sie den Gegenstand, dem diese Affekte gelten, studiert und in seinem Wesen erkannt haben, vielmehr lieben sie impulsiv auf Gefühlsmotive hin, die mit Erkenntnis nichts zu tun haben, und deren Wirkung durch Besinnung und Nachdenken höchstens abgeschwächt wird. Leonardo konnte also nur gemeint haben, was die Menschen üben, das sei nicht die richtige, einwandfreie Liebe, man *sollte* so lieben, daß man den Affekt aufhalte, ihn der Gedankenarbeit unterwerfe und erst frei gewähren lasse, nachdem er die Prüfung durch das Denken bestanden hat. Und wir verstehen dabei, daß er uns sagen will, bei ihm sei es so; es wäre für alle anderen erstrebenswert, wenn sie es mit Liebe und Haß so hielten wie er selbst.

Und bei ihm scheint es wirklich so gewesen zu sein. Seine Affekte waren gebändigt, dem Forschertrieb unterworfen; er liebte und haßte nicht, sondern fragte sich, woher das komme, was er lieben oder hassen sollte, und was es bedeute, und so mußte er zunächst indifferent erscheinen gegen Gut und Böse, gegen Schönes und Häßliches. Während dieser Forscherarbeit warfen Liebe und Haß ihre Vorzeichen ab und wandelten sich gleichmäßig in Denkinteresse um. In Wirklichkeit war Leonardo nicht leidenschaftslos, er entbehrte nicht des göttlichen Funkens, der mittelbar oder unmittelbar die Triebkraft — il primo motore — alles menschlichen Tuns ist. Er hatte die Leidenschaft nur in Wissensdrang verwandelt; er ergab sich nun der Forschung mit jener Ausdauer, Stetigkeit, Vertiefung, die sich aus der Leidenschaft ableiten, und auf der Höhe der geistigen Arbeit, nach gewonnener Erkenntnis, läßt er den lange zurückgehaltenen Affekt losbrechen, frei abströmen, wie einen vom Strome abgeleiteten Wasserarm, nachdem er das Werk getrieben hat. Auf der Höhe einer Erkenntnis, wenn er ein großes Stück des Zusammenhanges überschauen kann, dann erfaßt ihn das Pathos und er preist in schwärmerischen Worten die Großartigkeit jenes Stückes der Schöpfung, das er studiert hat, oder — in religiöser Einkleidung — die Größe seines Schöpfers. Solmi hat diesen Prozeß der Umwandlung bei Leonardo richtig erfaßt. Nach dem Zitat einer solchen Stelle, in der Leonardo den hehren Zwang der Natur (»O mirabile necessita . . .«) gefeiert hat, sagt er: Tale trasfigurazione della scienza della natura in emozione, quasi direi, religiosa, è uno dei tratti caratteristici de' manoscritti vinciani, e si trova cento e cento volte espressa . . .[1])

Man hat Leonardo wegen seines unersättlichen und unermüdlichen Forscherdranges den italienischen Faust geheißen. Aber von allen Bedenken gegen die mögliche Rückverwandlung des Forschertriebes in Lebenslust abgesehen, die wir als die Voraussetzung der Fausttragödie annehmen müssen, möchte man die Bemerkung wagen, daß die Entwicklung Leonardos an spinozistische Denkweise streift.

Die Umsetzungen der psychischen Triebkraft in verschiedene Formen der Betätigung sind vielleicht ebenso wenig ohne Einbuße konvertierbar, wie die der physikalischen Kräfte. Das Beispiel Leonardos lehrt, wie vielerlei anderes an diesen Prozessen zu verfolgen ist. Aus dem Aufschub, erst zu lieben, nachdem man erkannt hat, wird ein Ersatz. Man liebt und haßt nicht mehr recht, wenn man zur Erkenntnis durchgedrungen ist; man bleibt jenseits von Liebe und Haß. Man hat geforscht, anstatt zu lieben. Und darum vielleicht ist Leonardos Leben so viel ärmer an Liebe gewesen als das anderer Großer und anderer Künstler. Die stürmischen Leidenschaften erhebender und verzehrender Natur, in denen andere ihr Bestes erlebten, scheinen ihn nicht getroffen zu haben.

Und noch andere Folgen. Man hat auch geforscht, anstatt zu handeln, zu schaffen. Wer die Großartigkeit des Weltzusammenhanges und dessen Notwendigkeiten zu ahnen begonnen hat, der verliert leicht sein eigenes kleines Ich. In Bewunderung versunken, wahrhaft demütig geworden, ver-

---

[1]) Solmi. La resurrezione etc., p. 11.

gißt man zu leicht, daß man selbst ein Stück jener wirkenden Kräfte ist und es versuchen darf, nach dem Ausmaß seiner persönlichen Kraft ein Stückchen jenes notwendigen Ablaufes der Welt abzuändern, der Welt, in welcher das Kleine doch nicht minder wunderbar und bedeutsam ist als das Große.

Leonardo hatte vielleicht, wie Solmi meint, im Dienste seiner Kunst zu forschen begonnen,[1]) er bemühte sich um die Eigenschaften und Gesetze des Lichtes, der Farben, Schatten, der Perspektive, um sich die Meisterschaft in der Nachahmung der Natur zu sichern und anderen den gleichen Weg zu weisen. Wahrscheinlich überschätzte er schon damals den Wert dieser Kenntnisse für den Künstler. Dann trieb es ihn, noch immer am Leitseil des malerischen Bedürfnisses, zur Erforschung der Objekte der Malerei, der Tiere und Pflanzen, der Proportionen des menschlichen Körpers, vom Äußeren derselben weg zur Kenntnis ihres inneren Baues und ihrer Lebensfunktionen, die sich ja auch in ihrer Erscheinung ausdrücken und von der Kunst Darstellung verlangen. Und endlich riß ihn der übermächtig gewordene Trieb fort, bis der Zusammenhang mit den Anforderungen seiner Kunst zerriß, so daß er die allgemeinen Gesetze der Mechanik auffand, daß er die Geschichte der Ablagerungen und Versteinerungen im Arnotal erriet, und bis daß er in sein Buch die Erkenntnis mit großen Buchstaben eintragen konnte: Il sole non si move. Auf so ziemlich alle Gebiete der Naturwissenschaft dehnte er seine Forschungen aus, auf jedem einzelnen ein Entdecker oder wenigstens Vorhersager und Pfadfinder.[2]) Doch blieb sein Wissensdrang auf die Außenwelt gerichtet, von der Erforschung des Seelenlebens der Menschen hielt ihn etwas fern; in der »Academia Vinciana«, für die er kunstvoll verschlungene Embleme zeichnete, war für die Psychologie wenig Raum.

---

[1]) La resurrezione etc., p. 8: »Leonardo aveva posto, come regola al pittore, lo studio della natura . . . ., poi la passione dello studio era divenuta dominante, egli aveva voluto acquistare non piu la scienza per l'arte, ma la scienza per la scienza.«

[2]) Siehe die Aufzählung seiner wissenschaftlichen Leistungen in der schönen biographischen Einleitung der Marie Herzfeld (Jena 1906), in den einzelnen Essays der Conferenze Florentine 1910 und anderwärts.

Versuchte er dann von der Forschung zur Kunstübung zurückzukehren, von der er ausgegangen war, so erfuhr er an sich die Störung durch die neue Einstellung seiner Interessen und die veränderte Natur seiner psychischen Arbeit. Am Bild interessierte ihn vor allem ein Problem, und hinter diesem einen sah er ungezählte andere Probleme auftauchen, wie er es in der endlosen und unabschließbaren Naturforschung gewohnt war. Er brachte sich nicht mehr dazu, seinen Anspruch zu beschränken, das Kunstwerk zu isolieren, es aus dem großen Zusammenhang zu reißen, in den er es gehörig wußte. Nach den erschöpfendsten Bemühungen, alles in ihm zum Ausdruck zu bringen, was sich in seinen Gedanken daran knüpfte, mußte er es unfertig im Stiche lassen oder es für unvollendet erklären.

Der Künstler hatte einst den Forscher als Handlanger in seinen Dienst genommen, nun war der Diener der stärkere geworden und unterdrückte seinen Herrn.

Wenn wir im Charakterbilde einer Person einen einzigen Trieb überstark ausgebildet finden, wie bei Leonardo die Wißbegierde, so berufen wir uns zur Erklärung auf eine besondere Anlage, über deren wahrscheinlich organische Bedingtheit meist noch nichts Näheres bekannt ist. Durch unsere psychoanalytischen Studien an Nervösen werden wir aber zwei weiteren Erwartungen geneigt, die wir gern in jedem einzelnen Falle bestätigt finden möchten. Wir halten es für wahrscheinlich, daß jener überstarke Trieb sich bereits in der frühesten Kindheit der Person betätigt hat, und daß seine Oberherrschaft durch Eindrücke des Kinderlebens festgelegt wurde, und wir nehmen ferner an, daß er ursprünglich sexuelle Triebkräfte zu seiner Verstärkung herangezogen hat, so daß er späterhin ein Stück des Sexuallebens vertreten kann. Ein solcher Mensch würde also z. B. forschen mit jener leidenschaftlichen Hingabe, mit der ein anderer seine Liebe ausstattet, und er könnte forschen anstatt zu lieben. Nicht nur beim Forschertrieb, sondern auch in den meisten anderen Fällen von besonderer Intensität eines Triebes würden wir den Schluß auf eine sexuelle Verstärkung desselben wagen.

Die Beobachtung des täglichen Lebens der Menschen zeigt uns, daß es den meisten gelingt, ganz ansehnliche Anteile ihrer sexuellen Triebkräfte auf ihre Berufstätigkeit zu leiten. Der Sexualtrieb eignet sich ganz besonders dazu, solche Beiträge abzugeben, da er mit der Fähigkeit der Sublimierung begabt, d. h. im stande ist, sein nächstes Ziel gegen andere, eventuell höher gewertete und nicht sexuelle, Ziele zu vertauschen. Wir halten diesen Vorgang für erwiesen, wenn uns die Kindergeschichte, also die seelische Entwicklungsgeschichte einer Person zeigt, daß zur Kinderzeit der übermächtige Trieb im Dienste sexueller Interessen stand. Wir finden eine weitere Bestätigung darin, wenn sich im Sexualleben reifer Jahre eine auffällige Verkümmerung dartut, gleichsam als ob ein Stück der Sexualbetätigung nun durch die Betätigung des übermächtigen Triebes ersetzt wäre.

Die Anwendung dieser Erwartungen auf den Fall des übermächtigen Forschertriebs scheint besonderen Schwierigkeiten zu unterliegen, da man gerade den Kindern weder diesen ernsthaften Trieb noch bemerkenswerte sexuelle Interessen zutrauen möchte. Indes sind diese Schwierigkeiten leicht zu beheben. Von der Wißbegierde der kleinen Kinder zeugt deren unermüdliche Fragelust, die dem Erwachsenen rätselhaft ist, so lange er nicht versteht, daß alle diese Fragen nur Umschweife sind, und daß sie kein Ende nehmen können, weil das Kind durch sie nur eine Frage ersetzen will, die es doch nicht stellt. Ist das Kind größer und einsichtsvoller geworden, so bricht diese Äußerung der Wißbegierde oft plötzlich ab. Eine volle Aufklärung gibt uns aber die psychoanalytische Untersuchung, indem sie uns lehrt, daß viele, vielleicht die meisten, jedenfalls die bestbegabten Kinder etwa vom dritten Lebensjahr an eine Periode durchmachen, die man als die der *infantilen Sexualforschung* bezeichnen darf. Die Wißbegierde erwacht bei den Kindern dieses Alters, soviel wir wissen, nicht spontan, sondern wird durch den Eindruck eines wichtigen Erlebnisses geweckt, durch die erfolgte oder nach auswärtigen Erfahrungen gefürchtete Geburt eines Geschwisterchens, in der das Kind eine Bedrohung seiner egoistischen Interessen erblickt. Die Forschung richtet sich auf die Frage, woher die Kinder kommen, gerade so, als ob das Kind nach Mitteln und Wegen suchte, ein so unerwünschtes Ereignis zu verhüten. Wir haben so mit Erstaunen erfahren, daß das Kind den ihm gegebenen Auskünften den Glauben verweigert, z. B. die mythologisch so sinnreiche Storchfabel energisch abweist, daß es von diesem Akte des Unglaubens an seine geistige Selbständigkeit datiert, sich oft in ernstem Gegensatze zu den Erwachsenen fühlt und diesen eigentlich niemals mehr verzeiht, daß es bei diesem Anlasse um die Wahrheit betrogen wurde. Es forscht auf eigenen Wegen, errät den Aufenthalt des Kindes im Mutterleibe und schafft sich, von den Regungen der eigenen Sexualität geleitet, Ansichten über die Herkunft des Kindes vom Essen, über sein Geborenwerden durch den Darm, über die schwer zu ergründende Rolle des Vaters, und es ahnt bereits damals die Existenz des sexuellen Aktes, der ihm als etwas Feindseliges und Gewalttätiges erscheint. Aber wie seine eigene Sexualkonstitution der Aufgabe der Kinderzeugung noch nicht gewachsen ist, so muß auch seine Forschung, woher die Kinder kommen, im Sande verlaufen und als unvollendbar im Stiche gelassen werden. Der Eindruck dieses Mißglückens bei der ersten Probe intellektueller Selbständigkeit scheint ein nachhaltiger und tief deprimierender zu sein.[1])

Wenn die Periode der infantilen Sexualforschung durch einen Schub energischer Sexualverdrängung abgeschlossen worden ist, leiten sich für das weitere Schicksal des Forschertriebes drei verschiedene Möglichkeiten aus seiner frühzeitlichen Verknüpfung mit sexuellen Interessen ab. Entweder die Forschung teilt das Schicksal der Sexualität, die Wiß-

[1]) Zur Erhärtung dieser unwahrscheinlich klingenden Behauptungen nehme man Einsicht in die »Analyse der Phobie eines fünfjährigen Knaben«, Jahrbuch für psychoanalytische und psychopathologische Forschungen Bd. I., 1909 und die ähnliche Beobachtung im II. B., 1910. In einem Aufsatze über die »Infantilen Sexualtheorien«, 1908 (Sammlung kleiner Schriften zur Neurosenlehre, zweite Folge, 1909), schrieb ich: »Dieses Grübeln und Zweifeln wird aber vorbildlich für alle spätere Denkarbeit an Problemen und der erste Mißerfolg wirkt für alle Zeiten lähmend fort« (p. 167).

begierde bleibt von da an gehemmt und die freie Betätigung der Intelligenz vielleicht für Lebenszeit eingeschränkt, besonders da kurze Zeit nachher durch die Erziehung die mächtige religiöse Denkhemmung zur Geltung gebracht wird. Dies ist der Typus der neurotischen Hemmung. Wir verstehen sehr wohl, daß die so erworbene Denkschwäche dem Ausbruch einer neurotischen Erkrankung wirksamen Vorschub leistet. In einem zweiten Typus ist die intellektuelle Entwicklung kräftig genug, um der an ihr zerrenden Sexualverdrängung zu widerstehen. Einige Zeit nach dem Untergang der infantilen Sexualforschung, wenn die Intelligenz erstarkt ist, bietet sie eingedenk der alten Verbindung ihre Hilfe zur Umgehung der Sexualverdrängung, und die unterdrückte Sexualforschung kehrt als Grübelzwang aus dem Unbewußten zurück, allerdings entstellt und unfrei, aber mächtig genug, um das Denken selbst zu sexualisieren und die intellektuellen Operationen mit der Lust und der Angst der eigentlichen Sexualvorgänge zu betonen. Das Forschen wird hier zur Sexualbetätigung, oft zur ausschließlichen, das Gefühl der Erledigung in Gedanken, der Klärung, wird an die Stelle der sexuellen Befriedigung gesetzt; aber der unabschließbare Charakter der Kinderforschung wiederholt sich auch darin, daß dies Grübeln nie ein Ende findet, und daß das gesuchte intellektuelle Gefühl der Lösung immer weiter in die Ferne rückt.

Der dritte, seltenste und vollkommenste, Typus entgeht Kraft besonderer Anlage der Denkhemmung wie dem neurotischen Denkzwang. Die Sexualverdrängung tritt zwar auch hier ein, aber es gelingt ihr nicht, einen Partialtrieb der Sexuallust ins Unbewußte zu weisen, sondern die Libido entzieht sich dem Schicksal der Verdrängung, indem sie sich von Anfang an in Wißbegierde sublimiert und sich zu dem kräftigen Forschertrieb als Verstärkung schlägt. Auch hier wird das Forschen gewissermaßen zum Zwang und zum Ersatz der Sexualbetätigung, aber infolge der völligen Verschiedenheit der zu Grunde liegenden psychischen Prozesse (Sublimierung an Stelle des Durchbruches aus dem Unbewußten) bleibt der Charakter der Neurose aus, die Gebundenheit an die ursprünglichen Komplexe der infantilen Sexualforschung entfällt, und der Trieb kann sich frei im Dienste des intellektuellen Interesses betätigen. Der Sexualverdrängung, die ihn durch den Zuschuß von sublimierter Libido so stark gemacht hat, trägt er noch Rechnung, indem er die Beschäftigung mit sexuellen Themen vermeidet.

Wenn wir das Zusammentreffen des übermächtigen Forschertriebes bei Leonardo mit der Verkümmerung seines Sexuallebens erwägen, welches sich auf sogenannte ideelle Homosexualität einschränkt, werden wir geneigt sein, ihn als einen Musterfall unseres dritten Typus in Anspruch zu nehmen. Daß es ihm nach infantiler Betätigung der Wißbegierde im Dienste sexueller Interessen dann gelungen ist, den größeren Anteil seiner Libido in Forscherdrang zu sublimieren, das wäre der Kern und das Geheimnis seines Wesens. Aber freilich der Beweis für diese Auffassung ist nicht leicht zu erbringen. Wir bedürften hiezu eines Einblickes in die seelische Entwicklung seiner ersten Kinderjahre, und es erscheint töricht, auf solches Material zu hoffen, wenn die Nachrichten über sein Leben so spärlich und so unsicher sind, und wenn es sich überdies um Auskünfte über Verhältnisse handelt, die sich noch bei Personen unserer eigenen Generation der Aufmerksamkeit der Beobachter entziehen.

Wir wissen sehr wenig von der Jugend Leonardos. Er wurde 1452 in dem kleinen Städtchen Vinci zwischen Florenz und Empoli geboren; er war ein uneheliches Kind, was in jener Zeit gewiß nicht als schwerer bürgerlicher Makel betrachtet wurde; sein Vater war Ser Piero da Vinci, ein Notar und Abkömmling einer Familie von Notaren und Landbebauern, die ihren Namen nach dem Orte Vinci führten; seine Mutter eine Catarina, wahrscheinlich ein Bauernmädchen, die später mit einem anderen Einwohner von Vinci verheiratet war. Diese Mutter kommt in der Lebensgeschichte Leonardos nicht mehr vor, nur der Dichter Mereschkowski glaubt ihre Spur nachweisen zu können. Die einzige sichere Auskunft über Leonardos Kindheit gibt ein amtliches Dokument aus dem Jahre 1457, ein Florentiner Steuerkataster, in welchem unter den Hausgenossen der Familie Vinci Leonardo als fünfjähriges illegitimes Kind des Ser Piero angeführt wird.[1]) Die Ehe Ser Pieros mit einer Donna Albiera blieb kinderlos, darum konnte der kleine Leonardo im Hause seines Vaters aufgezogen werden. Dies Vaterhaus verließ er erst, als er, unbekannt in welchem Alter, als Lehrling in die Werkstatt des Andrea del Verrocchio eintrat. Im Jahre 1472 findet sich Leonardos Name bereits im Verzeichnis der Mitglieder der »Compagnia dei Pittori«. Das ist alles.

II.

Ein einziges Mal, soviel mir bekannt ist, hat Leonardo in eine seiner wissenschaftlichen Niederschriften eine Mitteilung aus seiner Kindheit eingestreut. An einer Stelle, die vom Fluge des Geiers handelt, unterbricht er sich plötzlich, um einer in ihm auftauchenden Erinnerung aus sehr frühen Jahren zu folgen.

»Es scheint, daß es mir schon vorher bestimmt war, mich so gründlich mit dem Geier zu befassen, denn es kommt mir als eine ganz frühe Erinnerung in den Sinn, als ich noch in der Wiege lag, ist ein Geier zu mir herabgekommen, hat mir den Mund mit seinem Schwanz geöffnet und viele Male mit diesem seinen Schwanz gegen meine Lippen gestoßen.« [2])

Eine Kindheitserinnerung also, und zwar höchst befremdender Art. Befremdend wegen ihres Inhaltes und wegen der Lebenszeit, in die sie verlegt wird. Daß ein Mensch eine Erinnerung an seine Säuglingszeit bewahren könne, ist vielleicht nicht unmöglich, kann aber keineswegs als gesichert gelten. Was jedoch diese Erinnerung Leonardos behauptet, daß ein Geier dem Kinde mit seinem Schwanz den Mund geöffnet, das klingt so unwahrscheinlich, so märchenhaft, daß eine andere Auffassung,

[1]) Scognamiglio l. c., p. 15.

[2]) »Questo scriver si distintamente del nibio par che sia mio destino, perchè nella mia prima ricordatione della mia infantia e mi parea che essendo io in culla, che un nibio venissi a me e mi aprissi la bocca colla sua coda e molte volte mi percuotesse con tal coda dentro alle labbra.« (Cod. atlant. F. 65 V. nach Scognamiglio.)

die beiden Schwierigkeiten mit einem Schlage ein Ende macht, sich unserem Urteile besser empfiehlt. Jene Szene mit dem Geier wird nicht eine Erinnerung Leonardos sein, sondern eine Phantasie, die er sich später gebildet und in seine Kindheit versetzt hat. Die Kindheitserinnerungen der Menschen haben oft keine andere Herkunft; sie werden überhaupt nicht, wie die bewußten Erinnerungen aus der Zeit der Reife vom Erlebnis an fixiert und wiederholt, sondern erst in späterer Zeit, wenn die Kindheit schon vorüber ist, hervorgeholt, dabei verändert, verfälscht, in den Dienst späterer Tendenzen gestellt, so daß sie sich ganz allgemein von Phantasien nicht strenge scheiden lassen. Vielleicht kann man sich ihre Natur nicht besser klar machen, als indem man an die Art und Weise denkt, wie bei den alten Völkern die Geschichtschreibung entstanden ist. Solange das Volk klein und schwach war, dachte es nicht daran, seine Geschichte zu schreiben; man bearbeitete den Boden des Landes, wehrte sich seiner Existenz gegen die Nachbarn, suchte ihnen Land abzugewinnen und zu Reichtum zu kommen. Es war eine heroische und unhistorische Zeit. Dann brach eine andere Zeit an, in der man zur Besinnung kam, sich reich und mächtig fühlte, und nun entstand das Bedürfnis zu erfahren, woher man gekommen und wie man geworden war. Die Geschichtschreibung, welche begonnen hatte, die Erlebnisse der Jetztzeit fortlaufend zu verzeichnen, warf den Blick auch nach rückwärts in die Vergangenheit, sammelte Traditionen und Sagen, deutete die Überlebsel alter Zeiten in Sitten und Gebräuchen und schuf so eine Geschichte der Vorzeit. Es war unvermeidlich, daß diese Vorgeschichte eher ein Ausdruck der Meinungen und Wünsche der Gegenwart als ein Abbild der Vergangenheit wurde, denn vieles war von dem Gedächtnis des Volkes beseitigt, anderes entstellt worden, manche Spur der Vergangenheit wurde mißverständlich im Sinne der Gegenwart gedeutet, und überdies schrieb man ja nicht Geschichte aus den Motiven objektiver Wißbegierde, sondern weil man auf seine Zeitgenossen wirken, sie aneifern, erheben oder ihnen einen Spiegel vorhalten wollte. Das bewußte Gedächtnis eines

Menschen von den Erlebnissen seiner Reifezeit ist nun durchaus jener Geschichtschreibung zu vergleichen, und seine Kindheitserinnerungen entsprechen nach ihrer Entstehung und Verläßlichkeit wirklich der spät und tendenziös zurechtgemachten Geschichte der Urzeit eines Volkes.

Wenn die Erzählung Leonardos vom Geier, der ihn in der Wiege besucht, also nur eine spätgeborene Phantasie ist, so sollte man meinen, es könne sich kaum verlohnen, länger bei ihr zu verweilen. Zu ihrer Erklärung könnte man sich ja mit der offen kundgegebenen Tendenz begnügen, seiner Beschäftigung mit dem Problem des Vogelfluges die Weihe einer Schicksalsbestimmung zu leihen. Allein mit dieser Geringschätzung beginge man ein ähnliches Unrecht, wie wenn man das Material von Sagen, Traditionen und Deutungen in der Vorgeschichte eines Volkes leichthin verwerfen würde. Allen Entstellungen und Mißverständnissen zum Trotze ist die Realität der Vergangenheit doch durch sie repräsentiert; sie sind das, was das Volk aus den Erlebnissen seiner Urzeit gestaltet hat, unter der Herrschaft einstens mächtiger und heute noch wirksamer Motive, und könnte man nur durch die Kenntnis aller wirkenden Kräfte diese Entstellungen rückgängig machen, so müßte man hinter diesem sagenhaften Material die historische Wahrheit aufdecken können. Gleiches gilt für die Kindheitserinnerungen oder Phantasien der Einzelnen. Es ist nicht gleichgültig, was ein Mensch aus seiner Kindheit zu erinnern glaubt; in der Regel sind hinter den von ihm selbst nicht verstandenen Erinnerungsresten unschätzbare Zeugnisse für die bedeutsamsten Züge seiner seelischen Entwicklung verborgen. Da wir nun in den psychoanalytischen Techniken vortreffliche Hilfsmittel besitzen, um dies Verborgene ans Licht zu ziehen, wird uns der Versuch gestattet sein, die Lücke in Leonardos Lebensgeschichte durch die Analyse seiner Kindheitsphantasie auszufüllen. Erreichen wir dabei keinen befriedigenden Grad von Sicherheit, so müssen wir uns damit trösten, daß so vielen anderen Untersuchungen über den großen und rätselhaften Mann kein besseres Schicksal beschieden war.

Wenn wir aber die Geierphantasie Leonardos mit dem Auge des Psychoanalytikers betrachten, so erscheint sie uns nicht lange fremdartig; wir glauben uns zu erinnern, daß wir oftmals, z. B. in Träumen, ähnliches gefunden haben, so daß wir uns getrauen können, diese Phantasie aus der ihr eigentümlichen Sprache in gemeinverständliche Worte zu übersetzen. Die Übersetzung zielt dann aufs Erotische. Schwanz, »coda«, ist eines der bekanntesten Symbole und Ersatzbezeichnungen des männlichen Gliedes, im Italienischen nicht minder als in anderen Sprachen; die in der Phantasie enthaltene Situation, daß ein Geier den Mund des Kindes öffnet und mit dem Schwanz tüchtig darin herumarbeitet, entspricht der Vorstellung einer Fellatio, eines sexuellen Aktes, bei dem das Glied in den Mund der gebrauchten Person eingeführt wird. Sonderbar genug, daß diese Phantasie so durchwegs passiven Charakter an sich trägt; sie ähnelt auch gewissen Träumen und Phantasien von Frauen oder passiven Homosexuellen (die im Sexualverkehr die weibliche Rolle spielen).

Möge der Leser nun an sich halten und nicht in aufflammender Entrüstung der Psychoanalyse die Gefolgschaft verweigern, weil sie schon in ihren ersten Anwendungen zu einer unverzeihlichen Schmähung des Andenkens eines großen und reinen Mannes führt. Es ist doch offenbar, daß diese Entrüstung uns niemals wird sagen können, was die Kindheitsphantasie Leonardos bedeutet; anderseits hat sich Leonardo in unzweideutigster Weise zu dieser Phantasie bekannt, und wir lassen die Erwartung — wenn man will: das Vorurteil — nicht fallen, daß eine solche Phantasie wie jede psychische Schöpfung, wie ein Traum, eine Vision, ein Delirium, irgend eine Bedeutung haben muß. Schenken wir darum lieber der analytischen Arbeit, die ja noch nicht ihr letztes Wort gesprochen hat, für eine Weile gerechtes Gehör.

Die Neigung, das Glied des Mannes in den Mund zu nehmen, um daran zu saugen, die in der bürgerlichen Gesellschaft zu den abscheulichen sexuellen Perversionen gerechnet wird, kommt doch bei den Frauen unserer Zeit — und, wie alte Bildwerke beweisen, auch früherer Zeiten — sehr häufig vor und scheint im Zustande der Verliebtheit ihren anstößigen Charakter völlig abzustreifen. Der Arzt begegnet Phantasien, die sich auf diese Neigung gründen, auch bei weiblichen Personen, die nicht durch die Lektüre der Psychopathia sexualis von v. Krafft-Ebing oder durch sonstige Mitteilung zur Kenntnis von der Möglichkeit einer derartigen Sexualbefriedigung gelangt sind. Es scheint, daß es den Frauen leicht wird, aus Eigenem solche Wunschphantasien zu schaffen.[1]) Die Nachforschung lehrt uns denn auch, daß diese von der Sitte so schwer geächtete Situation die harmloseste Ableitung zuläßt. Sie ist nichts anderes als die Umarbeitung einer anderen Situation, in welcher wir uns einst alle behaglich fühlten, als wir im Säuglingsalter (»essendo io in culla«) die Brustwarze der Mutter oder Amme in den Mund nahmen, um an ihr zu saugen. Der organische Eindruck dieses unseres ersten Lebensgenusses ist wohl unzerstörbar eingeprägt geblieben; wenn das Kind später das Euter der Kuh kennen lernt, das seiner Funktion nach eine Brustwarze, seiner Gestalt und Lage am Unterleib nach aber einem Penis gleichkommt, hat es die Vorstufe für die spätere Bildung jener anstößigen sexuellen Phantasie gewonnen.

Wir verstehen jetzt, warum Leonardo die Erinnerung an das angebliche Erlebnis mit dem Geier in seine Säuglingszeit verlegt. Hinter dieser Phantasie verbirgt sich doch nichts anderes als eine Reminiszenz an das Saugen — oder Gesäugtwerden — an der Mutterbrust, welche menschlich schöne Szene er wie soviele andere Künstler an der Mutter Gottes und ihrem Kinde mit dem Pinsel darzustellen unternommen hat. Allerdings wollen wir auch festhalten, was wir noch nicht verstehen, daß diese für beide Geschlechter gleich bedeutsame Reminiszenz von dem Manne Leonardo zu einer passiven homosexuellen Phantasie umgearbeitet worden ist. Wir werden die Frage vorläufig bei Seite lassen, welcher Zusammenhang etwa die Homosexualität mit dem Saugen an der Mutterbrust verbindet, und uns bloß daran erinnern, daß die Tradition Leo-

[1]) Vgl. hiezu das »Bruchstück einer Hysterieanalyse« in Sammlung kleiner Schriften zur Neurosenlehre. Zweite Folge, 1909.

nardo wirklich als einen homosexuell Fühlenden bezeichnet. Dabei gilt es uns gleich, ob jene Anklage gegen den Jüngling Leonardo berechtigt war oder nicht; nicht die reale Betätigung, sondern die Einstellung des Gefühls entscheidet für uns darüber, ob wir irgend jemand die Eigentümlichkeit der Homosexualität zuerkennen sollen.

Ein anderer unverstandener Zug der Kindheitsphantasie Leonardos nimmt unser Interesse zunächst in Anspruch. Wir deuten die Phantasie auf das Gesäugtwerden durch die Mutter und finden die Mutter ersetzt durch einen — Geier. Woher rührt dieser Geier und wie kommt er an diese Stelle?

Ein Einfall bietet sich da, so fernab liegend, daß man versucht wäre, auf ihn zu verzichten. In der heiligen Bilderschrift der alten Ägypter wird die Mutter allerdings mit dem Bilde des Geiers geschrieben.[1]) Diese Ägypter verehrten auch eine mütterliche Gottheit, die geierköpfig gebildet wurde oder mit mehreren Köpfen, von denen wenigstens einer der eines Geiers war.[2]) Der Name dieser Göttin wurde Mut ausgesprochen; ob die Lautähnlichkeit mit unserem Worte »Mutter« nur eine zufällige ist? So steht der Geier wirklich in Beziehung zur Mutter, aber was kann uns das helfen? Dürfen wir Leonardo denn diese Kenntnis zumuten, wenn die Lesung der Hieroglyphen erst François Champollion (1790—1832) gelungen ist?[3])

Man möchte sich dafür interessieren, auf welchem Wege auch nur die alten Ägypter dazu gekommen sind, den Geier zum Symbol der Mütterlichkeit zu wählen. Nun war die Religion und Kultur der Ägypter bereits den Griechen und Römern Gegenstand wissenschaftlicher Neugierde, und lange, ehe wir selbst die Denkmäler Ägyptens lesen konnten, standen uns einzelne Mitteilungen darüber aus erhaltenen Schriften des

---

[1]) Horapollo. Hieroglyphica 1, 11. Μητέρα δὲ γράφοντες......γῦπα ζωγραφοῦσιν.

[2]) Roscher. Ausf. Lexikon der griechischen und römischen Mythologie. Artikel Mut, II. Band, 1894—1897. — Lanzone. Dizionario di mitologia egizia. Torino 1882.

[3]) H. Hartleben, Champollion. Sein Leben und sein Werk, 1906.

klassischen Altertums zu Gebote, Schriften, die teils von bekannten Autoren herrühren, wie Strabo, Plutarch, Amianus Marcellus, teils unbekannte Namen tragen und unsicher in ihrer Herkunft und Abfassungszeit sind wie die Hieroglyphica des Horapollo Nilus und das unter dem Götternamen des Hermes Trismegistos überlieferte Buch orientalischer Priesterweisheit. Aus diesen Quellen erfahren wir, daß der Geier als Symbol der Mütterlichkeit galt, weil man glaubte, es gäbe nur weibliche Geier und keine männlichen von dieser Vogelart.[1]) Die Naturgeschichte der Alten kannte auch ein Gegenstück zu dieser Einschränkung; bei den Skarabäen, den von den Ägyptern als göttlich verehrten Käfern, meinten sie, gebe es nur Männchen.[2])

Wie sollte nun die Befruchtung der Geier vor sich gehen, wenn sie alle nur Weibchen waren? Darüber gibt eine Stelle des Horapollo[3]) guten Aufschluß. Zu einer gewissen Zeit halten diese Vögel im Fluge inne, öffnen ihre Scheide und empfangen vom Winde.

Wir sind jetzt unerwarteter Weise dazu gelangt, etwas für recht wahrscheinlich zu halten, was wir vor kurzem noch als absurd zurückweisen mußten. Leonardo kann das wissenschaftliche Märchen, dem es der Geier verdankt, daß die Ägypter mit seinem Bild den Begriff der Mutter schrieben, sehr wohl gekannt haben. Er war ein Vielleser, dessen Interesse alle Gebiete der Literatur und des Wissens umfaßte. Wir besitzen im Codex atlanticus ein Verzeichnis aller Bücher, die er zu einer gewissen Zeit besaß,[4]) dazu zahlreiche Notizen über andere Bücher, die er von Freunden

---

[1]) »γῦπα δὲ ἄρρενα οὐ φασιγένεσθαι ποτε, ἀλλὰ θηλείας ἁπάσας« bei v. Römer. Über die androgynische Idee des Lebens. Jahrb. f. sexuelle Zwischenstufen, V, 1903, p. 732.

[2]) Plutarch. Veluti scarabaeos mares tantum esse putarunt Ägyptii sic inter vultures mares non inveniri statuerunt.

[3]) Horapollinis Niloi Hieroglyphica edidit Conradus Leemans Amstelodami 1835. Die auf das Geschlecht der Geier bezüglichen Worte lauten (p. 14): μητέρα μὲν ἐπειδὴ ἄρρεν ἐν τούτῳ τῳ γένει τῶν ζώων οὐχ ὑπάρχει.

[4]) E. Müntz. Léonard de Vinci, Paris 1899, p. 282.

entlehnt hatte, und nach den Exzerpten, die Fr. Richter[1]) aus seinen Aufzeichnungen zusammengestellt hat, können wir den Umfang seiner Lektüre kaum überschätzen. Unter dieser Zahl fehlen auch ältere wie gleichzeitige Werke von naturwissenschaftlichem Inhalte nicht. Alle diese Bücher waren zu jener Zeit schon im Drucke vorhanden, und gerade Mailand war für Italien die Hauptstätte der jungen Buchdruckerkunst.

Wenn wir nun weiter gehen, stoßen wir auf eine Nachricht, welche die Wahrscheinlichkeit, Leonardo habe das Geiermärchen gekannt, zur Sicherheit steigern kann. Der gelehrte Herausgeber und Kommentator des Horapollo bemerkt zu dem bereits zitierten Text (p. 172): Caeterum hanc fabulam de vulturibus cupide amplexi sunt Patres Ecclesiastici, ut ita argumento ex rerum natura petito refutarent eos, qui Virginis partum negabant; itaque apud omnes fere hujus rei mentio occurit.

Also die Fabel von der Eingeschlechtigkeit und der Empfängnis der Geier war keineswegs eine indifferente Anekdote geblieben wie die analoge von den Skarabäen; die Kirchenväter hatten sich ihrer bemächtigt, um gegen die Zweifler an der heiligen Geschichte ein Argument aus der Naturgeschichte zur Hand zu haben. Wenn nach den besten Nachrichten aus dem Altertum die Geier darauf angewiesen waren, sich vom Winde befruchten zu lassen, warum sollte nicht auch einmal das gleiche mit einem menschlichen Weibe vorgegangen sein? Dieser Verwertbarkeit wegen pflegten die Kirchenväter »fast alle« die Geierfabel zu erzählen, und nun kann es kaum zweifelhaft sein, daß sie durch so mächtige Patronanz auch Leonardo bekannt geworden ist.

Die Entstehung der Geierphantasie Leonardos können wir uns nun in folgender Weise vorstellen. Als er einmal bei einem Kirchenvater oder in einem naturwissenschaftlichen Buche davon las, die Geier seien alle Weibchen und wüßten sich ohne Mithilfe von Männchen fortzupflanzen, da tauchte in ihm eine Erinnerung auf, die sich zu jener Phantasie umgestaltete, die aber besagen wollte, er sei ja auch so ein

[1]) Müntz l. c.

Geierkind gewesen, das eine Mutter, aber keinen Vater gehabt habe, und dazu gesellte sich in der Art, wie so alte Eindrücke sich allein äußern können, ein Nachhall des Genusses, der ihm an der Mutterbrust zu teil geworden war. Die von den Autoren hergestellte Anspielung auf die jedem Künstler teure Vorstellung der heiligen Jungfrau mit dem Kinde mußte dazu beitragen, ihm diese Phantasie wertvoll und bedeutsam erscheinen zu lassen. Kam er doch so dazu, sich mit dem Christusknaben, dem Tröster und Erlöser nicht nur des einen Weibes, zu identifizieren.

Wenn wir eine Kindheitsphantasie zersetzen, streben wir danach, deren realen Erinnerungsinhalt von den späteren Motiven zu sondern, welche denselben modifizieren und entstellen. Im Falle Leonardos glauben wir jetzt den realen Inhalt der Phantasie zu kennen; die Ersetzung der Mutter durch den Geier weist darauf hin, daß das Kind den Vater vermißt und sich mit der Mutter allein gefunden hat. Die Tatsache der illegitimen Geburt Leonardos stimmt zu seiner Geierphantasie; nur darum konnte er sich einem Geierkinde vergleichen. Aber wir haben als die nächste gesicherte Tatsache aus seiner Jugend erfahren, daß er im Alter von fünf Jahren in den Haushalt seines Vaters aufgenommen war; wann dies geschah, ob wenige Monate nach seiner Geburt, ob wenige Wochen vor der Aufnahme jenes Katasters, ist uns völlig unbekannt. Da tritt nun die Deutung der Geierphantasie ein und will uns belehren, daß Leonardo die entscheidenden ersten Jahre seines Lebens nicht bei seinem Vater und seiner Stiefmutter, sondern bei der armen, verlassenen, echten Mutter verbrachte, so daß er Zeit hatte, seinen Vater zu vermissen. Dies scheint ein mageres und dabei noch immer gewagtes Ergebnis der psychoanalytischen Bemühung, allein es wird bei weiterer Vertiefung an Bedeutung gewinnen. Der Sicherheit kommt noch die Erwägung der tatsächlichen Verhältnisse in der Kindheit Leonardos zu Hilfe. Den Berichten nach heiratete sein Vater Ser Piero da Vinci noch im Jahre von Leonardos Geburt die vornehme Donna Albiera; der Kinderlosigkeit dieser Ehe verdankte der Knabe seine im fünften Jahre dokumentarisch bestätigte Aufnahme ins väterliche oder vielmehr großväterliche Haus. Nun ist es nicht gebräuchlich, daß man der jungen Frau, die noch auf Kindersegen rechnet, von Anfang an einen illegitimen Sprößling zur Pflege übergibt. Es mußten wohl erst Jahre von Enttäuschung hingegangen sein, ehe man sich entschloß, das wahrscheinlich reizend entwickelte uneheliche Kind zur Entschädigung für die vergeblich erhofften ehelichen Kinder anzunehmen. Es steht im besten Einklang mit der Deutung der Geierphantasie, wenn mindestens drei Jahre, vielleicht fünf, von Leonardos Leben verflossen waren, ehe er seine einsame Mutter gegen ein Elternpaar vertauschen konnte. Dann aber war es bereits zu spät geworden. In den ersten drei oder vier Lebensjahren fixieren sich Eindrücke und bahnen sich Reaktionsweisen gegen die Außenwelt an, die durch kein späteres Erleben mehr ihrer Bedeutung beraubt werden können.

Wenn es richtig ist, daß die unverständlichen Kindheitserinnerungen und die auf sie gebauten Phantasien eines Menschen stets das Wichtigste aus seiner seelischen Entwicklung herausheben, so muß die durch die Geierphantasie erhärtete Tatsache, daß Leonardo seine ersten Lebensjahre allein mit der Mutter verbracht hat, von entscheidendstem Einfluß auf die Gestaltung seines inneren Lebens gewesen sein. Unter den Wirkungen dieser Konstellation kann es nicht gefehlt haben, daß das Kind, welches in seinem jungen Leben ein Problem mehr vorfand als andere Kinder, mit besonderer Leidenschaft über diese Rätsel zu grübeln begann und so frühzeitig ein Forscher wurde, den die großen Fragen quälten, woher die Kinder kommen, und was der Vater mit ihrer Entstehung zu tun habe. Die Ahnung dieses Zusammenhanges zwischen seiner Forschung und seiner Kindheitsgeschichte hat ihm dann später den Ausruf entlockt, ihm sei es wohl von jeher bestimmt gewesen, sich in das Problem des Vogelfluges zu vertiefen, da er schon in der Wiege von einem Geier heimgesucht worden war. Die Wißbegierde, die sich auf den Vogelflug richtet, von der infantilen Sexualforschung abzuleiten, wird eine spätere, unschwer zu erledigende Aufgabe sein.

III.

In der Kindheitsphantasie Leonardos repräsentierte uns das Element des Geiers den realen Erinnerungsinhalt; der Zusammenhang, in den Leonardo selbst seine Phantasie gestellt hatte, warf ein helles Licht auf die Bedeutung dieses Inhaltes für sein späteres Leben. Bei fortschreitender Deutungsarbeit stoßen wir nun auf das befremdliche Problem, warum dieser Erinnerungsinhalt in eine homosexuelle Situation umgearbeitet worden ist. Die Mutter, die das Kind säugt — besser: an der das Kind saugt —, ist in einen Geiervogel verwandelt, der dem Kinde seinen Schwanz in den Mund steckt. Wir behaupten, daß die »Coda« des Geiers nach gemeinem substituierenden Sprachgebrauch gar nichts anderes als ein männliches Genitale, einen Penis, bedeuten kann. Aber wir verstehen nicht, wie die Phantasietätigkeit dazu gelangen kann, gerade den mütterlichen Vogel mit dem Abzeichen der Männlichkeit auszustatten, und werden angesichts dieser Absurdität an der Möglichkeit irre, dieses Phantasiegebilde auf einen vernünftigen Sinn zu reduzieren.

Indes wir dürfen nicht verzagen. Wieviel scheinbar absurde Träume haben wir nicht schon genötigt, ihren Sinn einzugestehen! Warum sollte es bei einer Kindheitsphantasie schwieriger werden als bei einem Traum!

Erinnern wir uns daran, daß es nicht gut ist, wenn sich eine Sonderbarkeit vereinzelt findet, und beeilen wir uns, ihr eine zweite, noch auffälligere, zur Seite zu stellen.

Die geierköpfig gebildete Göttin Mut der Ägypter, eine Gestalt von ganz unpersönlichem Charakter, wie Drexler in Roschers Lexikon urteilt, wurde häufig mit anderen mütterlichen Gottheiten von lebendigerer Individualität wie Isis und Hathor verschmolzen, behielt aber daneben ihre gesonderte Existenz und Verehrung. Es war eine besondere Eigentümlichkeit des ägyptischen Pantheons, daß die einzelnen Götter nicht im Synkretismus untergingen. Neben der Götterkomposition blieb die einfache Göttergestalt in ihrer Selbständigkeit bestehen. Diese geierköpfige mütterliche Gottheit wurde nun von den Ägyptern in den meisten Darstellungen phallisch gebildet;[1]) ihr durch die Brüste als weiblich gekennzeichneter Körper trägt auch ein männliches Glied im Zustande der Erektion.

Bei der Göttin Mut also dieselbe Vereinigung mütterlicher und männlicher Charaktere wie in der Geierphantasie Leonardos! Sollen wir dies Zusammentreffen durch die Annahme aufklären, Leonardo habe aus seinen Bücherstudien auch die androgyne Natur des mütterlichen Geiers gekannt? Solche Möglichkeit ist mehr als fraglich; es scheint, daß die ihm zugänglichen Quellen von dieser merkwürdigen Bestimmung nichts enthielten. Es liegt wohl näher, die Übereinstimmung auf ein gemeinsames, hier wie dort wirksames und noch unbekanntes Motiv zurückzuführen.

Die Mythologie kann uns berichten, daß die androgyne Bildung, die Vereinigung männlicher und weiblicher Geschlechtscharaktere, nicht nur der Mut zukam, sondern auch anderen Gottheiten wie der Isis und Hathor, aber diesen vielleicht nur, insofern sie auch mütterliche Natur hatten und mit der Mut verschmolzen wurden.[2]) Sie lehrt uns ferner, daß andere Gottheiten der Ägypter, wie die Neith von Sais, aus der später die griechische Athene wurde, ursprünglich androgyn, dihermaphroditisch aufgefaßt wurden, und daß das gleiche für viele der griechischen Götter besonders aus dem Kreise des Dionysos, aber auch für die später zur weiblichen Liebesgöttin eingeschränkten Aphrodite galt. Sie mag dann die Erklärung versuchen, daß der dem weiblichen Körper angefügte Phallus die schöpferische Urkraft der Natur bedeuten solle, und daß alle diese hermaphroditischen Götterbildungen die Idee ausdrücken, erst die Vereinigung von Männlichem und Weiblichem könne eine würdige Darstellung der göttlichen Vollkommenheit ergeben. Aber keine dieser Bemerkungen klärt uns das psychologische Rätsel, daß die Phantasie der Menschen keinen Anstoß daran nimmt, eine Gestalt, die ihr das Wesen der Mutter verkörpern soll, mit dem zur Mütter-

[1]) Vgl. die Abbildungen bei Lanzone l. c., T. CXXXVI—VIII.

[2]) v. Römer l. c.

lichkeit gegensätzlichen Zeichen der männlichen Kraft zu versehen.

Die Aufklärung kommt von seiten der infantilen Sexualtheorien. Es hatte allerdings eine Zeit gegeben, in der das männliche Genitale mit der Darstellung der Mutter vereinbar gefunden wurde. Wenn das männliche Kind seine Wißbegierde zuerst auf die Rätsel des Geschlechtslebens richtet, wird es von dem Interesse für sein eigenes Genitale beherrscht. Es findet diesen Teil seines Körpers zu wertvoll und zu wichtig, als daß es glauben könnte, er würde anderen Personen fehlen, denen es sich so ähnlich fühlt. Da es nicht erraten kann, daß es noch einen anderen, gleichwertigen Typus von Genitalbildung gibt, muß es zur Annahme greifen, daß alle Menschen, auch die Frauen, ein solches Glied wie er besitzen. Dieses Vorurteil setzt sich bei dem jugendlichen Forscher so fest, daß es auch durch die ersten Beobachtungen an den Genitalien kleiner Mädchen nicht zerstört wird. Die Wahrnehmung sagt ihm allerdings, daß da etwas anders ist als bei ihm, aber er ist nicht im stande, sich als Inhalt dieser Wahrnehmung einzugestehen, daß er beim Mädchen das Glied nicht finden könne. Daß das Glied fehlen könne, ist ihm eine unheimliche, unerträgliche Vorstellung, er versucht darum eine vermittelnde Entscheidung: das Glied sei auch beim Mädchen vorhanden, aber es sei noch sehr klein; es werde später wachsen.[1]) Scheint sich diese Erwartung bei späteren Beobachtungen nicht zu erfüllen, so bietet sich ihm ein anderer Ausweg. Das Glied war auch beim kleinen Mädchen da, aber es ist abgeschnitten worden, an seiner Stelle ist eine Wunde geblieben. Dieser Fortschritt der Theorie verwertet bereits eigene Erfahrungen von peinlichem Charakter; er hat unterdeß die Drohung gehört, daß man ihm das teure Organ wegnehmen wird, wenn er sein Interesse dafür allzu deutlich betätigt. Unter dem Einfluß dieser Kastrationsandrohung deutet er jetzt seine Auffassung des weiblichen Genitales um; er wird von nun an für seine Männlichkeit zittern, dabei aber die unglücklichen

[1]) Vgl. die Beobachtungen im Jahrbuch für psychoanalyt. u. psychopath. Forschungen, Bd. I, 1909.

Geschöpfe verachten, an denen nach seiner Meinung die grausame Bestrafung bereits vollzogen worden ist.

Ehe das Kind unter die Herrschaft des Kastrationskomplexes geriet, zur Zeit, als ihm das Weib noch als vollwertig galt, begann eine intensive Schaulust als erotische Triebbetätigung sich bei ihm zu äußern. Es wollte die Genitalien anderer Personen sehen, ursprünglich wahrscheinlich, um sie mit den eigenen zu vergleichen. Die erotische Anziehung, die von der Person der Mutter ausging, gipfelte bald in der Sehnsucht nach ihrem für einen Penis gehaltenen Genitale. Mit der erst spät erworbenen Erkenntnis, daß das Weib keinen Penis besitzt, schlägt diese Sehnsucht oft in ihr Gegenteil um, macht einem Abscheu Platz, der in den Jahren der Pubertät zur Ursache der psychischen Impotenz, der Misogynie, der dauernden Homosexualität werden kann. Aber die Fixierung an das einst heiß begehrte Objekt, den Penis des Weibes, hinterläßt unauslöschliche Spuren im Seelenleben des Kindes, welches jenes Stück infantiler Sexualforschung mit besonderer Vertiefung durchgemacht hat. Die fetischartige Verehrung des weiblichen Fußes und Schuhes scheint den Fuß nur als Ersatzsymbol für das einst verehrte, seither vermißte Glied des Weibes zu nehmen; die »Zopfabschneider« spielen, ohne es zu wissen, die Rolle von Personen, die am weiblichen Genitale den Akt der Kastration ausführen.

Man wird zu den Betätigungen der kindlichen Sexualität kein richtiges Verhältnis gewinnen und wahrscheinlich zur Auskunft greifen, diese Mitteilungen für unglaubwürdig zu erklären, solange man den Standpunkt unserer kulturellen Geringschätzung der Genitalien und der Geschlechtsfunktionen überhaupt nicht verläßt. Zum Verständnis des kindlichen Seelenlebens bedarf es urzeitlicher Analogien. Für uns sind die Genitalien schon seit einer langen Reihe von Generationen die P u d e n d a, Gegenstände der Scham, und bei weiter gediehener Sexualverdrängung sogar des Ekels. Widerwillig fügen sich die heute Lebenden in ihrer Mehrheit den Geboten der Fortpflanzung und fühlen sich dabei in ihrer menschlichen Würde gekränkt und herabgesetzt. Was an anderer

Auffassung des Geschlechtslebens unter uns vorhanden ist, hat sich auf die roh gebliebenen, niedrigen Volksschichten zurückgezogen, versteckt sich bei den höheren und verfeinerten als kulturell minderwertig und wagt seine Betätigung nur unter den verbitternden Mahnungen eines schlechten Gewissens. Anders war es in den Urzeiten des Menschengeschlechtes. Aus den mühseligen Sammlungen der Kulturforscher kann man sich die Überzeugung holen, daß die Genitalien ursprünglich der Stolz und die Hoffnung der Lebenden waren, göttliche Verehrung genossen und die Göttlichkeit ihrer Funktionen auf alle neu erlernten Tätigkeiten der Menschen übertrugen. Ungezählte Göttergestalten erhoben sich durch Sublimierung aus ihrem Wesen, und zur Zeit, da der Zusammenhang der offiziellen Religionen mit der Geschlechtstätigkeit bereits dem allgemeinen Bewußtsein verhüllt war, bemühten sich Geheimkulte, ihn bei einer Anzahl von Eingeweihten lebend zu erhalten. Endlich geschah es im Laufe der Kulturentwicklung, daß so viel Göttliches und Heiliges aus der Geschlechtlichkeit extrahiert war, bis der erschöpfte Rest der Verachtung verfiel. Aber bei der Unvertilgbarkeit, die in der Natur aller seelischen Spuren liegt, darf man sich nicht verwundern, daß selbst die primitivsten Formen von Anbetung der Genitalien bis in ganz rezente Zeiten nachzuweisen sind, und daß Sprachgebrauch, Sitten und Aberglauben der heutigen Menschheit die Überlebsel von allen Phasen dieses Entwicklungsganges enthalten.[1])

Wir sind durch gewichtige biologische Analogien darauf vorbereitet, daß die seelische Entwicklung des Einzelnen den Lauf der Menschheitsentwicklung abgekürzt wiederhole, und werden darum nicht unwahrscheinlich finden, was die psychoanalytische Erforschung der Kinderseele über die infantile Schätzung der Genitalien ergeben hat. Die kindliche Annahme des mütterlichen Penis ist nun die gemeinsame Quelle, aus der sich die androgyne Bildung der mütterlichen Gottheiten wie der ägyptischen Mut und die »Coda« des Geiers in Leo-

[1]) Vgl. Richard Payne Knight. Le culte du Priape. Traduit de l'Anglais, Bruxelles 1883.

nardos Kindheitsphantasie ableiten. Wir heißen ja diese Götterdarstellungen nur mißverständlich hermaphroditisch im ärztlichen Sinne des Wortes. Keine von ihnen vereinigt die wirklichen Genitalien beider Geschlechter, wie sie in manchen Mißbildungen vereinigt sind zum Abscheu jedes menschlichen Auges; sie fügen bloß den Brüsten als Abzeichen der Mütterlichkeit das männliche Glied hinzu, wie es in der ersten Vorstellung des Kindes vom Leibe der Mutter vorhanden war. Die Mythologie hat diese ehrwürdige, uranfänglich phantasierte Körperbildung der Mutter für die Gläubigen erhalten. Die Hervorhebung des Geierschwanzes in der Phantasie Leonardos können wir nun so übersetzen: Damals, als sich meine zärtliche Neugierde auf die Mutter richtete, und ich ihr noch ein Genitale wie mein eigenes zuschrieb. Ein weiteres Zeugnis für die frühzeitige Sexualforschung Leonardos, die nach unserer Meinung ausschlaggebend für sein ganzes späteres Leben wurde.

Eine kurze Überlegung mahnt uns jetzt, daß wir uns mit der Aufklärung des Geierschwanzes in Leonardos Kindheitsphantasie nicht begnügen dürfen. Es scheint mehr in ihr enthalten, was wir noch nicht verstehen. Ihr auffälligster Zug war doch, daß sie das Saugen an der Mutterbrust in ein Gesäugtwerden, also in Passivität und damit in eine Situation von unzweifelhaft homosexuellem Charakter verwandelte. Eingedenk der historischen Wahrscheinlichkeit, daß sich Leonardo im Leben wie ein homosexuell Fühlender benahm, drängt sich uns die Frage auf, ob diese Phantasie nicht auf eine ursächliche Beziehung zwischen Leonardos Kinderverhältnis zu seiner Mutter und seiner späteren manifesten, wenn auch ideellen Homosexualität hinweist. Wir würden uns nicht getrauen, eine solche aus der entstellten Reminiszenz Leonardos zu erschließen, wenn wir nicht aus den psychoanalytischen Untersuchungen von homosexuellen Patienten wüßten, daß eine solche besteht, ja daß sie eine innige und notwendige ist.

Die homosexuellen Männer, die in unseren Tagen eine energische Aktion gegen die gesetzliche Einschränkung ihrer Sexualbetätigung unternommen haben, lieben es, sich durch ihre theoretischen Wortführer als eine von Anfang an gesonderte geschlechtliche Abart, als sexuelle Zwischenstufen, als »ein drittes Geschlecht« hinstellen zu lassen. Sie seien Männer, denen organische Bedingungen vom Keime an das Wohlgefallen am Mann aufgenötigt, das am Weibe versagt hätten. So gerne man nun aus humanen Rücksichten ihre Forderungen unterschreibt, so zurückhaltend darf man gegen ihre Theorien sein, die ohne Berücksichtigung der psychischen Genese der Homosexualität aufgestellt worden sind. Die Psychoanalyse bietet die Mittel, diese Lücke auszufüllen und die Behauptungen der Homosexuellen der Probe zu unterziehen. Sie hat dieser Aufgabe erst bei einer geringen Zahl von Personen genügen können, aber alle bisher vorgenommenen Untersuchungen brachten das nämliche überraschende Ergebnis.[1]) Bei allen unseren homosexuellen Männern gab es in der ersten, vom Individuum später vergessenen, Kindheit eine sehr intensive erotische Bindung an eine weibliche Person, in der Regel an die Mutter, hervorgerufen oder begünstigt durch die Überzärtlichkeit der Mutter selbst, ferner unterstützt durch ein Zurücktreten des Vaters im kindlichen Leben. Sadger hebt hervor, daß die Mütter seiner homosexuellen Patienten häufig Mannweiber waren, Frauen mit energischen Charakterzügen, die den Vater aus der ihm gebührenden Stellung drängen konnten; ich habe gelegentlich das gleiche gesehen, aber stärkeren Eindruck von jenen Fällen empfangen, in denen der Vater von Anfang an fehlte oder frühzeitig wegfiel, so daß der Knabe dem weiblichen Einfluß preisgegeben war. Sieht es doch fast so aus, als ob das Vorhandensein eines starken Vaters dem Sohne die richtige Entscheidung in der Objektwahl für das entgegengesetzte Geschlecht versichern würde.

Nach diesem Vorstadium tritt eine Umwandlung ein, deren Mechanismus uns bekannt ist, deren treibende Kräfte

[1]) Es sind dies vornehmlich Untersuchungen von I. Sadger, die ich aus eigener Erfahrung im Wesentlichen bestätigen kann. Überdies ist mir bekannt, daß W. Stekel in Wien und S. Ferenczi in Budapest zu den gleichen Resultaten gekommen sind.

wir noch nicht erfassen. Die Liebe zur Mutter kann die weitere bewußte Entwicklung nicht mitmachen, sie verfällt der Verdrängung. Der Knabe verdrängt die Liebe zur Mutter, indem er sich selbst an deren Stelle setzt, sich mit der Mutter identifiziert und seine eigene Person zum Vorbild nimmt, in dessen Ähnlichkeit er seine neuen Liebesobjekte auswählt. Er ist so homosexuell geworden; eigentlich ist er in den Autoerotismus zurückgeglitten, da die Knaben, die der Heranwachsende jetzt liebt, doch nur Ersatzpersonen und Erneuerungen seiner eigenen kindlichen Person sind, die er so liebt, wie die Mutter ihn als Kind geliebt hat. Wir sagen, er findet seine Liebesobjekte auf dem Wege des Narzißmus, da die griechische Sage einen Jüngling Narzissus nennt, dem nichts so wohl gefiel wie das eigene Spiegelbild, und der in die schöne Blume dieses Namens verwandelt wurde.

Tiefer reichende psychologische Erwägungen rechtfertigen die Behauptung, daß der auf solchem Wege homosexuell Gewordene im Unbewußten an das Erinnerungsbild seiner Mutter fixiert bleibt. Durch die Verdrängung der Liebe zur Mutter konserviert er dieselbe in seinem Unbewußten und bleibt von nun an der Mutter treu. Wenn er als Liebhaber Knaben nachzulaufen scheint, so läuft er in Wirklichkeit vor den anderen Frauen davon, die ihn untreu machen könnten. Wir haben auch durch direkte Einzelbeobachtung nachweisen können, daß der scheinbar nur für männlichen Reiz Empfängliche in Wahrheit der Anziehung, die vom Weibe ausgeht, unterliegt wie ein Normaler; aber er beeilt sich jedesmal, die vom Weibe empfangene Erregung auf ein männliches Objekt zu überschreiben und wiederholt auf solche Weise immer wieder den Mechanismus, durch den er seine Homosexualität erworben hat.

Es liegt uns ferne, die Bedeutung dieser Aufklärungen über die psychische Genese der Homosexualität zu übertreiben. Es ist ganz unverkennbar, daß sie den offiziellen Theorien der homosexuellen Wortführer grell widersprechen, aber wir wissen, daß sie nicht umfassend genug sind, um eine endgültige Klärung des Problems zu ermöglichen. Was man aus praktischen Gründen Homosexualität heißt, mag aus mannigfaltigen psychosexuellen Hemmungsprozessen hervorgehen, und der von uns erkannte Vorgang ist vielleicht nur einer unter vielen und bezieht sich nur auf einen Typus von »Homosexualität«. Wir müssen auch zugestehen, daß bei unserem homosexuellen Typus die Anzahl der Fälle, in denen die von uns geforderten Bedingungen aufzeigbar sind, weitaus die jener Fälle übersteigt, in denen der abgeleitete Effekt wirklich eintritt, so daß auch wir die Mitwirkung unbekannter konstitutioneller Faktoren nicht abweisen können, von denen man sonst das Ganze der Homosexualität abzuleiten pflegt. Wir hätten überhaupt keinen Anlaß gehabt, auf die psychische Genese der von uns studierten Form von Homosexualität einzugehen, wenn nicht eine starke Vermutung dafür spräche, daß gerade Leonardo, von dessen Geierphantasie wir ausgegangen sind, diesem einen Typus der Homosexuellen angehört.

So wenig Näheres über das geschlechtliche Verhalten des großen Künstlers und Forschers bekannt ist, so darf man sich doch der Wahrscheinlichkeit anvertrauen, daß die Aussagen seiner Zeitgenossen nicht im Gröbsten irre gingen. Im Lichte dieser Überlieferungen erscheint er uns also als ein Mann, dessen sexuelle Bedürftigkeit und Aktivität außerordentlich herabgesetzt war, als hätte ein höheres Streben ihn über die gemeine animalische Not der Menschen erhoben. Es mag dahingestellt bleiben, ob er jemals und auf welchem Wege er die direkte sexuelle Befriedigung gesucht, oder ob er ihrer gänzlich entraten konnte. Wir haben aber ein Recht, auch bei ihm nach jenen Gefühlsströmungen zu suchen, die andere gebieterisch zur sexuellen Tat drängen, denn wir können kein menschliches Seelenleben glauben, an dessen Aufbau nicht das sexuelle Begehren im weitesten Sinne, die Libido, ihren Anteil hätte, mag dasselbe sich auch weit vom ursprünglichen Ziel entfernt oder von der Ausführung zurückgehalten haben.

Anderes als Spuren von unverwandelter sexueller Neigung werden wir bei Leonardo nicht erwarten dürfen. Diese weisen aber nach einer Richtung und gestatten, ihn noch den Homosexuellen zuzurechnen. Es wurde von jeher hervorgehoben, daß er nur auffällig schöne Knaben und Jünglinge zu seinen Schülern nahm. Er war gütig und nachsichtig gegen sie, besorgte sie und pflegte sie selbst, wenn sie krank waren, wie eine Mutter ihre Kinder pflegt, wie seine eigene Mutter ihn betreut haben mochte. Da er sie nach ihrer Schönheit und nicht nach ihrem Talent ausgewählt hatte, wurde keiner von ihnen: Cesare da Sesto, G. Boltraffio, Andrea Salaino, Francesco Melzi u. a., ein bedeutender Maler. Meist brachten sie es nicht dazu, ihre Selbständigkeit vom Meister zu erringen, sie verschwanden nach seinem Tode, ohne der Kunstgeschichte eine bestimmtere Physiognomie zu hinterlassen. Die anderen, die sich nach ihrem Schaffen mit Recht seine Schüler nennen durften, wie Luini und Bazzi, genannt Sodoma, hat er wahrscheinlich persönlich nicht gekannt.

Wir wissen, daß wir der Einwendung zu begegnen haben, das Verhalten Leonardos gegen seine Schüler habe mit geschlechtlichen Motiven überhaupt nichts zu tun und gestatte keinen Schluß auf eine sexuelle Eigenart. Dagegen wollen wir mit aller Vorsicht geltend machen, daß unsere Auffassung einige sonderbare Züge im Benehmen des Meisters aufklärt, die sonst rätselhaft bleiben müßten. Leonardo führte ein Tagebuch; er machte in seiner kleinen, von rechts nach links geführten Schrift Aufzeichnungen, die nur für ihn bestimmt waren. In diesem Tagebuch redete er sich bemerkenswerter Weise mit »du« an: »Lerne bei Meister Luca die Multiplikation der Wurzeln.«[1]) »Laß dir vom Meister d'Abacco die Quadratur des Zirkels zeigen.«[1]) — Oder bei Anlaß einer Reise:[2]) »Ich gehe meiner Gartenangelegenheit wegen nach Mailand . . . . Lasse zwei Tragsäcke machen. Lasse dir die Drechselbank von Boltraffio zeigen und einen Stein darauf bearbeiten. — Lasse das Buch dem Meister Andrea il Todesco.«[3]) Oder, ein Vorsatz von ganz anderer Bedeutung:

[1]) Edm. Solmi. Leonardo da Vinci. Deutsche Übersetzung, 1908, p. 152.

[2]) Solmi. Leonardo da Vinci, p. 203.

[3]) Leonardo benimmt sich dabei wie jemand der gewöhnt war, einer anderen Person seine tägliche Beichte abzulegen, und der sich jetzt diese Person durch das Tagebuch ersetzt. Eine Vermutung, wer das gewesen sein mag, siehe bei Mereschkowski, S. 367.

»Du hast in deiner Abhandlung zu zeigen, daß die Erde ein Stern ist, wie der Mond oder ungefähr, und so den Adel unserer Welt zu erweisen.«[1])

In diesem Tagebuch, welches übrigens — wie die Tagebücher anderer Sterblicher — oft die bedeutsamsten Begebenheiten des Tages nur mit wenigen Worten streift oder völlig verschweigt, finden sich einige Eintragungen, die ihrer Sonderbarkeit wegen von allen Biographen Leonardos zitiert werden. Es sind Aufzeichnungen über kleine Ausgaben des Meisters von einer peinlichen Exaktheit, als sollten sie von einem philiströs gestrengen und sparsamen Hausvater herrühren, während die Nachweise über die Verwendung größerer Summen fehlen und nichts sonst dafür spricht, daß der Künstler sich auf Wirtschaft verstanden habe. Eine dieser Aufschreibungen betrifft einen neuen Mantel, den er dem Schüler Andrea Salaino gekauft:[2])

»Silberbrokat	15	Lire	4	Soldi	
Roten Samt zum Besatz	9	»	—	»	
Schnüre	—	»	9	»	
Knöpfe	—	»	12	»	

Eine andere sehr ausführliche Notiz stellt alle die Ausgaben zusammen, die ihm ein anderer Schüler[3]) durch seine schlechten Eigenschaften und seine Neigung zum Diebstahl verursacht: »Am Tage 21 des April 1490 begann ich dieses Buch und begann wieder das Pferd.[4]) Jacomo kam zu mir am Magdalenentage tausend 490, im Alter von 10 Jahren. (Randbemerkung: diebisch, lügnerisch, eigensinnig, gefräßig.) Am zweiten Tage ließ ich ihm zwei Hemden schneiden, ein Paar Hosen und einen Wams, und als ich mir das Geld beiseite legte, um genannte Sachen zu bezahlen, stahl er mir das Geld aus der Geldtasche, und war es nie möglich, ihn das beichten zu machen, obwohl ich davon eine wahre Sicherheit hatte (Randnote: 4 Lire . . .).« So geht der Bericht über die Misse-

[1]) M. Herzfeld. Leonardo da Vinci, 1906, p. CXLI.

[2]) Der Wortlaut nach Mereschkowski l. c., p. 282.

[3]) oder Modell.

[4]) Vom Reiterdenkmal des Francesco Sforza.

taten des Kleinen weiter und schließt mit der Kostenrechnung: »Im ersten Jahr, ein Mantel, Lire 2; 6 Hemden, Lire 4; 3 Wämser, Lire 6; 4 Paar Strümpfe, Lire 7 u. s. w.«[1])

Die Biographen Leonardos, denen nichts ferner liegt, als die Rätsel im Seelenleben ihres Helden aus seinen kleinen Schwächen und Eigenheiten ergründen zu wollen, pflegen an diese sonderbaren Verrechnungen eine Bemerkung anzuknüpfen, welche die Güte und Nachsicht des Meisters gegen seine Schüler betont. Sie vergessen daran, daß nicht Leonardos Benehmen, sondern die Tatsache, daß er uns diese Zeugnisse desselben hinterließ, einer Erklärung bedarf. Da man ihm unmöglich das Motiv zuschreiben kann, uns Belege für seine Gutmütigkeit in die Hände zu spielen, müssen wir die Annahme machen, daß ein anderes, affektives Motiv ihn zu diesen Niederschriften veranlaßt hat. Es ist nicht leicht zu erraten, welches, und wir würden keines anzugeben wissen, wenn nicht eine andere unter Leonardos Papieren gefundene Rechnung ein helles Licht auf diese seltsam kleinlichen Notizen über Schülerkleidungen u. dgl. würfe:[2])

»Auslagen nach dem Tode zum Begräbnis der Katharina	27	florins
2 Pfund Wachs	18	»
Katafalk	12	»
Für das Tragen und Aufrichten des Kreuzes	4	»
Leichenträger	8	»
An 4 Geistliche und 4 Kleriker	20	»
Glockenläuten	2	»
Den Totengräbern	16	»
Für die Genehmigung — den Beamten	1	»
Summa	108	florins
Frühere Auslagen:		
Dem Arzte 4 florins		
Für Zucker und Lichte 12 »	16	»
Summa Summarum	124	florins.«

[1]) Der volle Wortlaut bei M. Herzfeld l. c., p. XLV.

[2]) Mereschkowski l. c., p. 372. — Als betrübenden Beleg für die Unsicherheit der ohnedies spärlichen Nachrichten über Leonardos intimes Leben erwähne ich, daß die gleiche Kostenrechnung bei Solmi (deutsche

Der Dichter Mereschkowski ist der einzige, der uns zu sagen weiß, wer diese Katharina war. Aus zwei anderen kurzen Notizen erschließt er, daß die Mutter Leonardos, die arme Bäuerin aus Vinci, im Jahre 1493 nach Mailand gekommen war, um ihren damals 41jährigen Sohn zu besuchen, daß sie dort erkrankte, von Leonardo im Spital untergebracht, und als sie starb, von ihm unter so ehrenvollem Aufwand zu Grabe gebracht worden sei.[1])

Erweisbar ist diese Deutung des seelenkundigen Romanschreibers nicht, aber sie kann auf so viel innere Wahrscheinlichkeit Anspruch machen, stimmt so gut zu allem, was wir sonst von Leonardos Gefühlsbetätigung wissen, daß ich mich nicht enthalten kann, sie als richtig anzuerkennen. Er hatte es zu stande gebracht, seine Gefühle unter das Joch der Forschung zu zwingen und den freien Ausdruck derselben zu hemmen; aber es gab auch für ihn Fälle, in denen das Unterdrückte sich eine Äußerung erzwang, und der Tod der einst so heiß geliebten Mutter war ein solcher. In dieser Rechnung über die Begräbniskosten haben wir die bis zur Unkenntlichkeit entstellte Äußerung der Trauer um die Mutter vor uns. Wir verwundern uns, wie solche Entstellung zu stande kommen konnte, und können es auch unter den Gesichtspunkten der normalen seelischen Vorgänge nicht verstehen. Aber unter den abnormen Bedingungen der Neurosen und ganz besonders der sogenannten Zwangsneurose ist uns ähnliches wohlbekannt. Dort sehen wir die Äußerung intensiver, aber durch Verdrängung unbewußt gewordener Gefühle auf geringfügige, ja läppische Verrichtungen verschoben. Es ist den widerstrebenden Mächten gelungen, den Ausdruck dieser verdrängten Gefühle so sehr zu erniedrigen, daß man die Inten-

Übersetzung, p. 104) mit erheblichen Abänderungen wiedergegeben ist. Am bedenklichsten erscheint, daß die Florins in ihr durch Soldi ersetzt sind. Man darf annehmen, daß in dieser Rechnung Florins nicht die alten »Goldgulden,« sondern die später gebräuchliche Rechnungsgröße, die $1^2/_3$ Lire oder $33^1/_3$ Soldi gleichkommt, bedeuten. — Solmi macht die Katharina zu einer Magd, die Leonardos Hauswesen durch eine gewisse Zeit geleitet hatte. Die Quelle, aus der die beiden Darstellungen dieser Rechnung geschöpft haben, wurde mir nicht zugänglich.

[1]) »Katharina ist am 16. Juli 1493 eingetroffen.« — Giovannina — ein märchenhaftes Gesicht — frage bei Katharina im Krankenhause nach.

sität dieser Gefühle für eine höchst geringfügige einschätzen müßte; aber in dem gebieterischen Zwang, mit dem sich diese kleinliche Ausdruckshandlung durchsetzt, verrät sich die wirkliche, im Unbewußten wurzelnde Macht der Regungen, die das Bewußtsein verleugnen möchte. Nur ein solcher Anklang an das Geschehen bei der Zwangsneurose kann die Leichenkostenrechnung Leonardos beim Tode seiner Mutter erklären. Im Unbewußten war er noch wie in Kinderzeiten durch erotisch gefärbte Neigung an sie gebunden; der Widerstreit der später eingetretenen Verdrängung dieser Kinderliebe gestattete nicht, daß ihr im Tagebuche ein anderes, würdigeres Denkmal gesetzt werde, aber was sich als Kompromiß aus diesem neurotischen Konflikt ergab, das mußte ausgeführt werden, und so wurde die Rechnung eingetragen und kam als Unbegreiflichkeit zur Kenntnis der Nachwelt.

Es scheint kein Wagniß, die an der Leichenrechnung gewonnene Einsicht auf die Schülerkostenrechnungen zu übertragen. Demnach wäre auch dies ein Fall, in dem sich bei Leonardo die spärlichen Reste libidinöser Regungen zwangsartig einen entstellten Ausdruck schufen. Die Mutter und die Schüler, die Ebenbilder seiner eigenen knabenhaften Schönheit, wären seine Sexualobjekte gewesen — soweit die sein Wesen beherrschende Sexualverdrängung eine solche Kennzeichnung zuläßt —, und der Zwang, die für sie gemachten Ausgaben mit peinlicher Ausführlichkeit zu notieren, wäre der befremdliche Verrat dieser rudimentären Konflikte. Es würde sich so ergeben, daß Leonardos Liebesleben wirklich dem Typus von Homosexualität angehört, dessen psychische Entwicklung wir aufdecken konnten, und das Auftreten der homosexuellen Situation in seiner Geierphantasie würde uns verständlich, denn es besagte nichts anderes, als was wir vorhin von jenem Typus behauptet haben. Es erforderte die Übersetzung: Durch diese erotische Beziehung zur Mutter bin ich ein Homosexueller geworden.[1])

[1]) Die Ausdrucksformen, in denen sich die verdrängte Libido bei Leonardo äußern darf, Umständlichkeit und Geldinteresse, gehören den aus der Analerotik hervorgegangenen Charakterzügen an. Vgl.: Charakter und Analerotik in der Zweiten Folge meiner Sammlung zur Neurosenlehre, 1909.

IV.

Die Geierphantasie Leonardos hält uns noch immer fest. In Worten, welche nur allzudeutlich an die Beschreibung eines Sexualaktes anklingen (»und hat viele Male mit seinem Schwanz gegen meine Lippen gestoßen«), betont Leonardo die Intensität der erotischen Beziehungen zwischen Mutter und Kind. Es hält nicht schwer, aus dieser Verbindung der Aktivität der Mutter (des Geiers) mit der Hervorhebung der Mundzone einen zweiten Erinnerungsinhalt der Phantasie zu erraten. Wir können übersetzen: Die Mutter hat mir ungezählte leidenschaftliche Küsse auf den Mund gedrückt. Die Phantasie ist zusammengesetzt aus der Erinnerung an das Gesäugtwerden und an das Geküßtwerden durch die Mutter.

Dem Künstler hat eine gütige Natur gegeben, seine geheimsten, ihm selbst verborgenen Seelenregungen durch Schöpfungen zum Ausdruck zu bringen, welche die Anderen, dem Künstler Fremden, mächtig ergreift, ohne daß sie selbst anzugeben wüßten, woher diese Ergriffenheit rührt. Sollte in dem Lebenswerk Leonardos nichts Zeugnis ablegen von dem, was seine Erinnerung als den stärksten Eindruck seiner Kindheit bewahrt hat? Man müßte es erwarten. Wenn man aber erwägt, was für tiefgreifende Umwandlungen ein Lebenseindruck des Künstlers durchzumachen hat, ehe er seinen Beitrag zum Kunstwerk stellen darf, wird man gerade bei Leonardo den Anspruch auf Sicherheit des Nachweises auf ein ganz bescheidenes Maß herabsetzen müssen.

Wer an Leonardos Bilder denkt, den wird die Erinnerung an ein merkwürdiges, berückendes und rätselhaftes Lächeln mahnen, das er auf die Lippen seiner weiblichen Figuren gezaubert hat. Ein stehendes Lächeln auf langgezogenen, geschwungenen Lippen; es ist für ihn charakteristisch geworden und wird vorzugsweise »Leonardesk« genannt. In dem fremdartig schönen Antlitz der Florentinerin Monna Lisa del Giocondo hat es die Beschauer am stärksten ergriffen und in Verwirrung gebracht. Dies Lächeln verlangte nach einer Deutung und fand die verschiedenartigsten, von denen keine befriedigte. »Voilà quatre siècles bientôt que Mona Lisa fait perdre la tête à tous ceux qui parlent d'elle, après l'avoir longtemps regardée.« [1])

Muther:[2]) »Was den Betrachter namentlich bannt, ist der dämonische Zauber dieses Lächelns. Hunderte von Dichtern und Schriftstellern haben über dieses Weib geschrieben, das bald verführerisch uns anzulächeln, bald kalt und seelenlos ins Leere zu starren scheint, und niemand hat ihr Lächeln enträtselt, niemand ihre Gedanken gedeutet. Alles, auch die Landschaft ist geheimnisvoll traumhaft, wie in gewitterschwüler Sinnlichkeit zitternd.«

Die Ahnung, daß sich in dem Lächeln der Monna Lisa zwei verschiedene Elemente vereinigen, hat sich bei mehreren Beurteilern geregt. Sie erblicken darum in dem Mienenspiel der schönen Florentinerin die vollkommenste Darstellung der Gegensätze, die das Liebesleben des Weibes beherrschen, der Reserve und der Verführung, der hingebungsvollen Zärtlichkeit und der rücksichtlos heischenden, den Mann wie etwas Fremdes verzehrenden Sinnlichkeit. So äußert Müntz:[3]) On sait quelle énigme indéchiffrable et passionante Monna Lisa Gioconda ne cesse depuis bientôt quatre siècles, de proposer aux admirateurs pressés devant elle. Jamais artiste (j'emprunte la plume du délicat écrivain qui se cache sous le pseudonyme de Pierre de Corlay) »a-t-il traduit ainsi, l'essence même de la féminité: tendresse et coquetterie, pudeur et sourde volupté, tout le mystère d'un coeur qui se réserve, d'un cerveau qui réfléchit, d'une personnalité qui se garde et ne livre d'elle-même que son rayonnement.........« Der Italiener Angelo Conti[4]) sieht das Bild im Louvre von einem Sonnenstrahl belebt. »La donna sorrideva in una calma regale: i suoi instinti di conquista, di ferocia, tutta l'eredità della specie, la volontà della seduzione e dell' agguato, la grazia del inganno, la bontà che cela un proposito crudele, tutto ciò appariva alternativamente e scompariva dietro il velo

---

[1]) Gruyer nach Seidlitz. L. da V., II. B., p. 280.

[2]) Geschichte der Malerei, Bd. I, p. 314.

[3]) L. c. p. 417.

[4]) A. Conti. Leonardo pittore, Conferenze fiorentine l. c., p. 93.

ridente e si fondeva nel poema del suo sorriso....... Buona e malvaggia, crudele e compassionevole, graziosa e felina, ella rideva..........«

Leonardo malte vier Jahre an diesem Bilde, vielleicht von 1503 bis 1507, während seines zweiten Aufenthaltes in Florenz, selbst über 50 Jahre alt. Er wendete nach Vasaris Bericht die ausgesuchtesten Künste an, um die Dame während der Sitzungen zu zerstreuen und jenes Lächeln auf ihren Zügen festzuhalten. Von all den Feinheiten, die sein Pinsel damals auf der Leinwand wiedergab, hat das Bild in seinem heutigen Zustand wenig nur bewahrt; es galt, als es im Entstehen war, als das höchste, was die Kunst leisten könnte; sicher ist aber, daß es Leonardo selbst nicht befriedigte, daß er es für nicht vollendet erklärte, dem Besteller nicht ablieferte und mit sich nach Frankreich nahm, wo sein Beschützer Franz I. es von ihm für das Louvre erwarb.

Lassen wir das physiognomische Rätsel der Monna Lisa ungelöst und verzeichnen wir die unzweifelhafte Tatsache, daß ihr Lächeln den Künstler nicht minder stark fasziniert hat, als alle die Beschauer seit 400 Jahren. Dies berückende Lächeln kehrt seitdem auf allen seinen Bildern und den seiner Schüler wieder. Da die Monna Lisa Leonardos ein Porträt ist, können wir nicht annehmen, er habe ihrem Angesicht aus eigenem einen so ausdrucksschweren Zug geliehen, den sie selbst nicht besaß. Es scheint, wir können kaum anders als glauben, daß er dies Lächeln bei seinem Modell fand und so sehr unter dessen Zauber geriet, daß er von da an die freien Schöpfungen seiner Phantasie mit ihm ausstattete. Dieser naheliegenden Auffassung gibt z. B. A. Konstantinowa[1]) Ausdruck:

»Während der langen Zeit, in welcher sich der Meister mit dem Porträt der Monna Lisa del Giocondo beschäftigte, hatte er sich mit solcher Teilnahme des Gefühls in die physiognomischen Feinheiten dieses Frauenantlitzes hineingelebt, daß er diese Züge — besonders das geheimnisvolle Lächeln

[1]) L. c. p. 45.

und den seltsamen Blick — auf alle Gesichter übertrug, welche er in der Folge malte oder zeichnete; die mimische Eigentümlichkeit der Gioconda kann selbst auf dem Bilde Johannes des Täufers im Louvre wahrgenommen werden; — vor allem aber sind sie in Marias Gesichtszügen auf dem Anna Selbdritt-Bilde deutlich erkennbar.«

Allein es kann auch anders zugegangen sein. Das Bedürfnis nach einer tieferen Begründung jener Anziehung, mit welcher das Lächeln der Gioconda den Künstler ergriff, um ihn nicht mehr freizulassen, hat sich bei mehr als einem seiner Biographen geregt. W. Pater, der in dem Bilde der Monna Lisa die »Verkörperung aller Liebeserfahrung der Kulturmenschheit« sieht, und sehr fein »jenes unergründliche Lächeln, welches bei Leonardo stets wie mit etwas Unheilverkündendem verbunden scheint,« behandelt, führt uns auf eine andere Spur, wenn er äußert: [1])

»Übrigens ist das Bild ein Porträt. Wir können verfolgen, wie es sich von Kindheit auf in das Gewebe seiner Träume mischt, so daß man, sprächen nicht ausdrückliche Zeugnisse dagegen, glauben möchte, es sei sein endlich gefundenes und verkörpertes Frauenideal.....«

Etwas ganz Ähnliches hat wohl M. Herzfeld im Sinne, wenn sie ausspricht, in der Monna Lisa habe Leonardo sich selbst begegnet, darum sei es ihm möglich geworden, soviel von seinem eigenen Wesen in das Bild einzutragen, »dessen Züge von jeher in rätselhafter Sympathie in Leonardos Seele gelegen haben.« [2])

Versuchen wir diese Andeutungen zur Klarheit zu entwickeln. Es mag also so gewesen sein, daß Leonardo vom Lächeln der Monna Lisa gefesselt wurde, weil dieses etwas in ihm aufweckte, was seit langer Zeit in seiner Seele geschlummert hatte, eine alte Erinnerung wahrscheinlich. Diese Erinnerung war bedeutsam genug, um ihn nicht mehr loszulassen, nachdem sie einmal erweckt worden war; er mußte ihr immer

[1]) W. Pater. Die Renaissance. 2. Aufl., 1906, p. 157. (Aus dem Englischen.)

[2]) M. Herzfeld. L. d. V., p. LXXXVIII.

wieder neuen Ausdruck geben. Die Versicherung Paters, daß wir verfolgen können, wie sich ein Gesicht, wie das der Monna Lisa, von Kindheit auf in das Gewebe seiner Träume mischt, scheint glaubwürdig und verdient wörtlich verstanden zu werden.

Vasari erwähnt als seine ersten künstlerischen Versuche »teste di femmine, che ridono«[1]). Die Stelle, die ganz unverdächtig ist, weil sie nichts erweisen will, lautet vollständiger in deutscher Übersetzung: [2]) »indem er in seiner Jugend einige lachende weibliche Köpfe aus Erde formte, die in Gyps vervielfältigt wurden, und einige Kinderköpfe, so schön, als ob sie von Meisterhand gebildet wären....., p. 6.«

Wir erfahren also, daß seine Kunstübung mit der Darstellung von zweierlei Objekten begann, die uns an die zweierlei Sexualobjekte mahnen müssen, welche wir aus der Analyse seiner Geierphantasie erschlossen haben. Waren die schönen Kinderköpfe Vervielfältigungen seiner eigenen kindlichen Person, so sind die lächelnden Frauen nichts anderes als Wiederholungen der Catarina, seiner Mutter, und wir beginnen die Möglichkeit zu ahnen, daß seine Mutter das geheimnisvolle Lächeln besessen, das er verloren hatte, und das ihn so fesselte, als er es bei der Florentiner Dame widerfand.[3])

Das Gemälde Leonardos, welches der Monna Lisa zeitlich am nächsten steht, ist die sogenannte »heilige Anna selbdritt«, die heilige Anna mit Maria und dem Christusknaben. Es zeigt das leonardeske Lächeln in schönster Ausprägung an beiden Frauenköpfen. Es ist nicht zu ermitteln, um wieviel früher oder später als das Porträt der Monna Lisa Leonardo daran zu malen begann. Da beide Arbeiten sich über Jahre erstreckten, darf man wohl annehmen, daß sie den Meister gleichzeitig beschäftigten. Zu unserer Erwartung würde es

---

[1]) Bei Scognamiglio l. c., p. 32.

[2]) Von L. Schorn, III. Bd., 1843, p. 6.

[3]) Das nämliche nimmt Mereschkowski an, der doch für Leonardo eine Kindheitsgeschichte imaginiert, welche in den wesentlichen Punkten von unseren, aus der Geierphantasie geschöpften, Ergebnissen abweicht. Wenn aber Leonardo selbst dies Lächeln gezeigt hätte, so hätte die Tradition es wohl kaum unterlassen, uns dies Zusammentreffen zu berichten.

am besten stimmen, wenn gerade die Vertiefung in die Züge der Monna Lisa Leonardo angeregt hätte, die Komposition der hl. Anna aus seiner Phantasie zu gestalten. Denn wenn das Lächeln der Gioconda die Erinnerung an die Mutter in ihm heraufbeschwor, so verstehen wir, daß es ihn zunächst dazu trieb, eine Verherrlichung der Mütterlichkeit zu schaffen, und das Lächeln, das er bei der vornehmen Dame gefunden hatte, der Mutter wiederzugeben. So dürfen wir denn unser Interesse vom Porträt der Monna Lisa auf dies andere, kaum minder schöne Bild, das sich jetzt auch im Louvre befindet, hinübergleiten lassen.

Die heilige Anna mit Tochter und Enkelkind ist ein in der italienischen Malerei selten behandelter Gegenstand; die Darstellung Leonardos weicht jedenfalls weit von allen sonst bekannten ab. Muther sagt:[1])

»Einige Meister, wie Hans Fries, der ältere Holbein und Girolamo dai Libri, ließen Anna neben Maria sitzen und stellten zwischen beide das Kind. Andere, wie Jakob Cornelisz in seinem Berliner Bilde, zeigten im eigentlichen Wortsinn die »heilige Anna selbdritt«, das heißt, sie stellten sie dar, wie sie im Arme das kleine Figürchen Marias hält, auf dem das noch kleinere des Christkindes sitzt«. Bei Leonardo sitzt Maria auf dem Schoße ihrer Mutter vorgeneigt und greift mit beiden Armen nach dem Knaben, der mit einem Lämmchen spielt, es wohl ein wenig mißhandelt. Die Großmutter hat den einen unverdeckten Arm in die Hüfte gestemmt und blickt mit seligem Lächeln auf die beiden herab. Die Gruppierung ist gewiß nicht ganz ungezwungen. Aber das Lächeln, welches auf den Lippen beider Frauen spielt, hat, obwohl unverkennbar dasselbe wie im Bilde der Monna Lisa, seinen unheimlichen und rätselhaften Charakter verloren; es drückt Innigkeit und stille Seligkeit aus.[2])

---

[1]) L. c. p. 309.

[2]) A. Konstantinowa l. c.: »Maria schaut voll Innigkeit zu ihrem Liebling herab, mit einem Lächeln, das an den rätselhaften Ausdruck der Giocondo erinnert,« und anderswo von der Maria: »Um ihre Züge schwebt das Lächeln der Gioconda.«

Bei einer gewissen Vertiefung in dieses Bild kommt es wie ein plötzliches Verständnis über den Beschauer: Nur Leonardo konnte dieses Bild malen, wie nur er die Geierphantasie dichten konnte. In dieses Bild ist die Synthese seiner Kindheitsgeschichte eingetragen; die Einzelheiten desselben sind aus den allerpersönlichsten Lebenseindrücken Leonardos erklärlich. Im Hause seines Vaters fand er nicht nur die gute Stiefmutter Donna Albiera, sondern auch die Großmutter, Mutter seines Vaters, Monna Lucia, die, wir wollen es annehmen, nicht unzärtlicher gegen ihn war, als Großmütter zu sein pflegen. Dieser Umstand mochte ihm die Darstellung der von Mutter und Großmutter behüteten Kindheit nahebringen. Ein anderer auffälliger Zug des Bildes gewinnt eine noch größere Bedeutung. Die hl. Anna, die Mutter der Maria und Großmutter des Knaben, die eine Matrone sein müßte, ist hier vielleicht etwas reifer und ernster als die hl. Maria, aber noch als junge Frau von unverwelkter Schönheit gebildet. Leonardo hat in Wirklichkeit dem Knaben zwei Mütter gegeben, eine, die die Arme nach ihm ausstreckt, und eine andere im Hintergrunde, und beide mit dem seligen Lächeln des Mutterglückes ausgestattet. Diese Eigentümlichkeit des Bildes hat nicht verfehlt, die Verwunderung der Autoren zu erregen; Muther meint z. B., daß Leonardo sich nicht entschließen konnte, Alter, Falten und Runzeln zu malen und darum auch Anna zu einer Frau von strahlender Schönheit machte. Ob man sich mit dieser Erklärung zufrieden geben kann? Andere haben zur Auskunft gegriffen, die »Gleichaltrigkeit von Mutter und Tochter« überhaupt in Abrede zu stellen.[1]) Aber der Muthersche Erklärungsversuch genügt wohl für den Beweis, daß der Eindruck von der Verjüngung der hl. Anna dem Bilde entnommen und nicht durch eine Tendenz vorgetäuscht ist.

Leonardos Kindheit war gerade so merkwürdig gewesen wie dieses Bild. Er hatte zwei Mütter gehabt, die erste seine wahre Mutter, die Catarina, der er im Alter zwischen drei und fünf Jahren entrissen wurde, und eine junge und zärtliche Stief-

[1]) S. v. Seidlitz l. c., II. Bd., p. 274, Anmerkungen.

mutter, die Frau seines Vaters, Donna Albiera. Indem er diese Tatsache seiner Kindheit mit der ersterwähnten zusammenzog, sie zu einer Mischeinheit verdichtete, gestaltete sich ihm die Komposition der hl. Anna selbdritt. Die mütterliche Gestalt weiter weg vom Knaben, die Großmutter heißt, entspricht nach ihrer Erscheinung und ihrem räumlichen Verhältnis zum Knaben der echten früheren Mutter Catarina. Mit dem seligen Lächeln der hl. Anna hat der Künstler wohl den Neid verleugnet und überdeckt, den die Unglückliche verspürte, als sie der vornehmeren Rivalin wie früher den Mann, so nun auch den Sohn abtreten mußte.

So wären wir von einem anderen Werke Leonardos her zur Bestätigung der Ahnung gekommen, daß das Lächeln der Monna Lisa del Giocondo in dem Manne die Erinnerung an die Mutter seiner ersten Kinderjahre erweckt hatte. Madonnen und vornehme Damen zeigten von da an bei den Malern Italiens die demütige Kopfneigung und das seltsam-selige Lächeln des armen Bauernmädchens Catarina, das der Welt den herrlichen, zum Malen, Forschen und Dulden bestimmten Sohn geboren hatte.

Wenn es Leonardo gelang, im Angesicht der Monna Lisa den doppelten Sinn wiederzugeben, den dies Lächeln hatte, das Versprechen schrankenloser Zärtlichkeit wie die unheilverkündende Drohung (nach Paters Worten), so war er auch darin dem Inhalte seiner frühesten Erinnerung treu geblieben. Denn die Zärtlichkeit der Mutter wurde ihm zum Verhängnis, bestimmte sein Schicksal und die Entbehrungen, die seiner warteten. Die Heftigkeit der Liebkosungen, auf die seine Geierphantasie deutet, war nur allzu natürlich; die arme verlassene Mutter mußte all ihre Erinnerungen an genossene Zärtlichkeiten wie ihre Sehnsucht nach neuen in die Mutterliebe einfließen lassen; sie war dazu gedrängt, nicht nur sich dafür zu entschädigen, daß sie keinen Mann, sondern auch das Kind, daß es keinen Vater hatte, der es liebkosen wollte. So nahm sie nach der Art aller unbefriedigten Mütter den kleinen Sohn an Stelle ihres Mannes an und raubte ihm durch die allzu frühe Reifung seiner Erotik ein Stück seiner Männlichkeit. Die Liebe der Mutter zum Säugling, den sie nährt und pflegt, ist etwas weit tiefgreifenderes als ihre spätere Affektion für das heranwachsende Kind. Sie ist von der Natur eines vollbefriedigenden Liebesverhältnisses, das nicht nur alle seelischen Wünsche, sondern auch alle körperlichen Bedürfnisse erfüllt, und wenn sie eine der Formen des dem Menschen erreichbaren Glückes darstellt, so rührt dies nicht zum mindesten von der Möglichkeit her, auch längst verdrängte und pervers zu nennende Wunschregungen ohne Vorwurf zu befriedigen.[1]) In der glücklichsten jungen Ehe verspürt es der Vater, daß das Kind, besonders der kleine Sohn, sein Nebenbuhler geworden ist, und eine im Unbewußten tief wurzelnde Gegnerschaft gegen den Bevorzugten nimmt von daher ihren Ausgang.

Als Leonardo auf der Höhe seines Lebens jenem selig verzückten Lächeln wieder begegnete, wie es einst den Mund seiner Mutter bei ihren Liebkosungen umspielt hatte, stand er längst unter der Herrschaft einer Hemmung, die ihm verbot, je wieder solche Zärtlichkeiten von Frauenlippen zu begehren. Aber er war Maler geworden und so bemühte er sich, dieses Lächeln mit dem Pinsel wieder zu erschaffen, und er gab es allen seinen Bildern, ob er sie nun selbst ausführte oder unter seiner Leitung von seinen Schülern ausführen ließ, der Leda, dem Johannes und dem Bacchus. Die beiden letzten sind Abänderungen desselben Typus. Muther sagt: »Aus dem Heuschreckenesser der Bibel hat Leonardo einen Bacchus, einen Apollino gemacht, der, ein rätselhaftes Lächeln auf den Lippen, die weichen Schenkel übereinander geschlagen, uns mit sinnbetörendem Auge anblickt.« Diese Bilder atmen eine Mystik, in deren Geheimnis einzudringen man nicht wagt; man kann es höchstens versuchen, den Anschluß an die früheren Schöpfungen Leonardos herzustellen. Die Gestalten sind wieder mannweiblich, aber nicht mehr im Sinne der Geierphantasie, es sind schöne Jünglinge von weiblicher Zartheit mit weibischen Formen; sie schlagen

[1]) Vgl. »Drei Abhandlungen zur Sexualtheorie«, 2. Aufl., 1910.

die Augen nicht nieder, sondern blicken geheimnisvoll triumphierend, als wüßten sie von einem großen Glückserfolg, von dem man schweigen muß; das bekannte berückende Lächeln läßt ahnen, daß es ein Liebesgeheimnis ist. Möglich, daß Leonardo in diesen Gestalten das Unglück seines Liebeslebens verleugnet und künstlerisch überwunden hat, indem er die Wunscherfüllung des von der Mutter betörten Knaben in solch seliger Vereinigung von männlichem und weiblichem Wesen darstellte.

V.

Unter den Eintragungen in den Tagebüchern Leonardos findet sich eine, die durch ihren bedeutsamen Inhalt und wegen eines winzigen formalen Fehlers die Aufmerksamkeit des Lesers festhält:

Er schreibt im Juli 1504.

»Adi 9 di Luglio 1504 mercoledi a ore 7 mori Ser Piero da Vinci, notalio al palazzo del Potestà, mio padre, a ore 7. Era d'età d'anni 80, lasciò 10 figlioli maschi e 2 femmine.« [1])

Die Notiz handelt also vom Tode des Vaters Leonardos. Die kleine Irrung in ihrer Form besteht darin, daß die Zeitbestimmung »a ore 7« zweimal wiederholt wird, als hätte Leonardo am Ende des Satzes vergessen, daß er sie zu Anfang bereits hingeschrieben. Es ist nur eine Kleinigkeit, aus der ein anderer als ein Psychoanalytiker nichts machen würde. Vielleicht würde er sie nicht bemerken, und auf sie aufmerksam gemacht, würde er sagen: Das kann in der Zerstreutheit oder im Affekt jedem passieren und hat weiter keine Bedeutung.

Der Psychoanalytiker denkt anders; ihm ist nichts zu klein als Äußerung verborgener seelischer Vorgänge; er hat längst gelernt, daß solches Vergessen oder Wiederholen bedeutungsvoll ist, und daß man es der »Zerstreutheit« danken muß, wenn sie den Verrat sonst verborgener Regungen gestattet.

Wir werden sagen, auch diese Notiz entspricht, wie die Leichenrechnung der Catarina, die Kostenrechnungen der

[1]) Nach E. Müntz l. c., p. 13, Anmerkung.

Schüler, einem Falle, in dem Leonardo die Unterdrückung seiner Affekte mißglückte und das lange Verhohlene sich einen entstellten Ausdruck erzwang. Auch die Form ist eine ähnliche, dieselbe pedantische Genauigkeit, die gleiche Vordringlichkeit der Zahlen.[1])

Wir heißen eine solche Wiederholung eine Perseveration. Sie ist ein ausgezeichnetes Hilfsmittel, um die affektive Betonung anzuzeigen. Man denke z. B. an die Zornesrede des heiligen Petrus gegen seinen unwürdigen Stellvertreter auf Erden in Dantes Paradiso:[2])

»Quegli ch'usurpa in terra il luogo mio
Il luogo mio, il luogo mio, che vaca
Nella presenza del Figliuol di Dio,

Fatto ha del cimiterio mio cloaca.«

Ohne Leonardos Affekthemmung hätte die Eintragung im Tagebuch etwa lauten können: Heute um 7 Uhr starb mein Vater, Ser Piero da Vinci, mein armer Vater! Aber die Verschiebung der Perseveration auf die gleichgültigste Bestimmung der Todesnachricht, auf die Sterbestunde, raubt der Notiz jedes Pathos und läßt uns gerade noch erkennen, daß hier etwas zu verbergen und zu unterdrücken war.

Ser Piero da Vinci, Notar und Abkömmling von Notaren, war ein Mann von großer Lebenskraft, der es zu Ansehen und Wohlstand brachte. Er war viermal verheiratet, die beiden ersten Frauen starben ihm kinderlos weg, erst von der dritten erzielte er 1476 den ersten legitimen Sohn, als Leonardo bereits 24 Jahre alt war und das Vaterhaus längst gegen das Atelier seines Meisters Verrocchio vertauscht hatte; mit der vierten und letzten Frau, die er bereits als Fünfziger geheiratet hatte, zeugte er noch neun Söhne und zwei Töchter.[3])

[1]) Von einem größeren Irrtum, den Leonardo in dieser Notiz beging, indem er dem 77jährigen Vater 80 Jahre gab, will ich absehen.

[2]) Canto, XXVII, V. 22—25.

[3]) Es scheint, daß Leonardo in jener Tagebuchstelle sich auch in der Anzahl seiner Geschwister geirrt hat, was zur anscheinenden Exaktheit derselben in einem merkwürdigen Gegensatze steht.

Gewiß ist auch dieser Vater für die psychosexuelle Entwicklung Leonardos bedeutsam geworden, und zwar nicht nur negativ, durch seinen Wegfall in den ersten Kinderjahren des Knaben, sondern auch unmittelbar durch seine Gegenwart in dessen späterer Kindheit. Wer als Kind die Mutter begehrt, der kann es nicht vermeiden, sich an die Stelle des Vaters setzen zu wollen, sich in seiner Phantasie mit ihm zu identifizieren und später seine Überwindung zur Lebensaufgabe zu machen. Als Leonardo, noch nicht fünf Jahre alt, ins großväterliche Haus aufgenommen wurde, trat gewiß die junge Stiefmutter Albiera an die Stelle seiner Mutter in seinem Fühlen, und er kam in jenes normal zu nennende Rivalitätsverhältnis zum Vater. Die Entscheidung zur Homosexualität tritt bekanntlich erst in der Nähe der Pubertätsjahre auf. Als diese für Leonardo gefallen war, verlor die Identifizierung mit dem Vater jede Bedeutung für sein Sexualleben, setzte sich aber auf anderen Gebieten von nicht erotischer Betätigung fort. Wir hören, daß er Prunk und schöne Kleider liebte, sich Diener und Pferde hielt, obwohl er nach Vasaris Worten »fast nichts besaß und wenig arbeitete«; wir werden nicht allein seinen Schönheitssinn für diese Vorlieben verantwortlich machen, wir erkennen in ihnen auch den Zwang, den Vater zu kopieren und zu übertreffen. Der Vater war gegen das arme Bauernmädchen der vornehme Herr gewesen, daher verblieb in dem Sohne der Stachel, auch den vornehmen Herrn zu spielen, der Drang »to out-herod Herod,« dem Vater vorzuhalten, wie erst die richtige Vornehmheit aussehe.

Wer als Künstler schafft, der fühlt sich gegen seine Werke gewiß als Vater. Für Leonardos Schaffen als Maler hatte die Identifizierung mit dem Vater eine verhängnisvolle Folge. Er schuf sie und kümmerte sich nicht mehr um sie, wie sein Vater sich nicht um ihn bekümmert hatte. Die spätere Sorge des Vaters konnte an diesem Zwange nichts ändern, denn dieser leitete sich von den Eindrücken der ersten Kinderjahre ab, und das unbewußt gebliebene Verdrängte ist unkorrigierbar durch spätere Erfahrungen.

Zur Zeit der Renaissance bedurfte jeder Künstler — wie auch noch viel später — eines hohen Herrn und Gönners, eines Padrone, der ihm Aufträge gab, in dessen Händen sein Schicksal ruhte. Leonardo fand seinen Padrone in dem hochstrebenden, prachtliebenden, diplomatisch verschlagenen, aber unsteten und unverläßlichen Lodovico Sforza, zubenannt: il Moro. An seinem Hofe in Mailand verbrachte er die glänzendste Zeit seines Lebens, in seinen Diensten entfaltete er am ungehemmtesten die Schaffenskraft, von der das Abendmahl und das Reiterstandbild des Francesco Sforza Zeugnis ablegten. Er verließ Mailand, ehe die Katastrophe über Lodovico Moro hereinbrach, der als Gefangener in einem französischen Kerker starb. Als die Nachricht vom Schicksal seines Gönners Leonardo erreichte, schrieb er in sein Tagebuch: »Der Herzog verlor sein Land, seinen Besitz, seine Freiheit, und keines der Werke, die er unternommen, wurde zu Ende geführt.«[1]) Es ist merkwürdig und gewiß nicht bedeutungslos, daß er hier gegen seinen Padrone den nämlichen Vorwurf erhob, den die Nachwelt gegen ihn wenden sollte, als wollte er eine Person aus der Vaterreihe dafür verantwortlich machen, daß er selbst seine Werke unvollendet ließ. In Wirklichkeit hatte er auch gegen den Herzog nicht Unrecht.

Aber wenn die Nachahmung des Vaters ihn als Künstler schädigte, so war die Auflehnung gegen den Vater die infantile Bedingung seiner vielleicht ebenso großartigen Leistung als Forscher. Er glich, nach dem schönen Gleichnis Mereschkowskis, einem Menschen, der in der Finsternis zu früh erwacht war, während die anderen noch alle schliefen.[2]) Er wagte es, den kühnen Satz auszusprechen, der doch die Rechtfertigung jeder freien Forschung enthält: Wer im Streite der Meinungen sich auf die Autorität beruft, der arbeitet mit seinem Gedächtnis, anstatt mit seinem Verstand.[3]) So wurde er der erste moderne Naturforscher,

[1]) »Il duca perse lo stato e la roba e libertà e nessuna sua opera si finì per lui.« — v. Seidlitz l. c., II, p. 270.

[2]) l. c., p. 348.

[3]) Chi disputa allegando l'autorità non adopra l'ingegno ma piuttosto la memoria; Solmi, Conf. fior, p. 13.

und eine Fülle von Erkenntnissen und Ahnungen belohnte seinen Mut, seit den Zeiten der Griechen als der erste, nur auf Beobachtung und eigenes Urteil gestützt, an die Geheimnisse der Natur zu rühren. Aber wenn er die Autorität geringschätzen und die Nachahmung der »Alten« verwerfen lehrte und immer wieder auf das Studium der Natur als auf die Quelle aller Wahrheit hinwies, so wiederholte er nur in der höchsten, dem Menschen erreichbaren Sublimierung die Parteinahme, die sich bereits dem kleinen, verwundert in die Welt blickenden Knaben aufgedrängt hatte. Aus der wissenschaftlichen Abstraktion in die konkrete individuelle Erfahrung rückübersetzt, entsprachen die Alten und die Autorität doch nur dem Vater, und die Natur wurde wieder die zärtliche, gütige Mutter, die ihn genährt hatte. Während bei den meisten anderen Menschenkindern — auch noch heute wie in Urzeiten — das Bedürfnis nach dem Anhalt an irgend einer Autorität so gebieterisch ist, daß ihnen die Welt ins Wanken gerät, wenn diese Autorität bedroht wird, konnte Leonardo allein dieser Stütze entbehren; er hätte es nicht können, wenn er nicht in den ersten Lebensjahren gelernt hätte, auf den Vater zu verzichten. Die Kühnheit und Unabhängigkeit seiner späteren wissenschaftlichen Forschung setzt die vom Vater ungehemmte infantile Sexualforschung voraus und setzt sie unter Abwendung vom Sexuellen fort.

Wenn jemand wie Leonardo in seiner Kindheit der Einschüchterung durch den Vater entgangen ist und in seiner Forschung die Fesseln der Autorität abgeworfen hat, so wäre es der grellste Widerspruch gegen unsere Erwartung, wenn wir fänden, daß derselbe Mann ein Gläubiger geblieben ist und es nicht vermocht hat, sich der dogmatischen Religion zu entziehen. Die Psychoanalyse hat uns den intimen Zusammenhang zwischen dem Vaterkomplex und der Gottesgläubigkeit kennen gelehrt, hat uns gezeigt, daß der persönliche Gott psychologisch nichts anderes ist als ein erhöhter Vater, und führt uns täglich vor Augen, wie jugendliche Personen den religiösen Glauben verlieren, sobald die Autorität des Vaters bei ihnen zusammenbricht.

Im Elternkomplex erkennen wir so die Wurzel des religiösen Bedürfnisses; der allmächtige, gerechte Gott und die gütige Natur erscheinen uns als großartige Sublimierungen von Vater und Mutter, vielmehr als Erneuerungen und Wiederherstellungen der frühkindlichen Vorstellungen von beiden. Die Religiosität führt sich biologisch auf die lang anhaltende Hilflosigkeit und Hilfsbedürftigkeit des kleinen Menschenkindes zurück, welches, wenn es später seine wirkliche Verlassenheit und Schwäche gegen die großen Mächte des Lebens erkannt hat, seine Lage ähnlich wie in der Kindheit empfindet und deren Trostlosigkeit durch die regressive Erneuerung der infantilen Schutzmächte zu verleugnen sucht.

Es scheint nicht, daß das Beispiel Leonardos diese Auffassung der religiösen Gläubigkeit des Irrtums überführen könnte. Anklagen, die ihn des Unglaubens, oder, was jener Zeit ebensoviel hieß, des Abfalles vom Christenglauben beschuldigten, regten sich bereits zu seinen Lebzeiten und haben in der ersten Lebensbeschreibung, die Vasari von ihm gab, einen bestimmten Ausdruck gefunden.[1] In der zweiten Ausgabe seiner Vite 1568 hat Vasari diese Bemerkungen weggelassen. Uns ist es vollkommen begreiflich, wenn Leonardo angesichts der außerordentlichen Empfindlichkeit seines Zeitalters in religiösen Dingen sich direkter Äußerungen über seine Stellung zum Christentum auch in seinen Aufzeichnungen enthielt. Als Forscher ließ er sich durch die Schöpfungsberichte der Heiligen Schrift nicht im mindesten beirren; er bestritt z. B. die Möglichkeit einer universellen Sündflut und rechnete in der Geologie ebenso unbedenklich wie die Modernen mit Jahrhunderttausenden.

Unter seinen »Prophezeiungen« finden sich so manche, die das Feingefühl eines gläubigen Christen beleidigen müßten, z. B.:[2]) Die Bilder der Heiligen angebetet.

»Es werden die Menschen mit Menschen reden, die nichts vernehmen, welche die Augen offen haben und nicht sehen; sie werden zu diesen reden und keine Antwort bekommen;

---

[1]) Müntz l. c. La religion de Léonard, l. c., p. 292 u. ff.

[2]) Nach Herzfeld, p. 292.

sie werden Gnaden erbitten von dem, welcher Ohren hat und nicht hört; sie werden Lichter anzünden für den, der blind ist.«

Oder: Vom Klagen am Karfreitag (p. 297).

»In allen Teilen Europas wird von großen Völkerschaften geweint werden um den Tod eines einzigen Mannes, der im Orient gestorben.«

Von Leonardos Kunst hat man geurteilt, daß er den heiligen Gestalten den letzten Rest kirchlicher Gebundenheit benahm und sie ins Menschliche zog, um große und schöne menschliche Empfindungen an ihnen darzustellen. Muther rühmt von ihm, daß er die Dekadenzstimmung überwand und den Menschen das Recht auf Sinnlichkeit und frohen Lebensgenuß wiedergab. In den Aufzeichnungen, welche Leonardo in die Ergründung der großen Naturrätsel vertieft zeigen, fehlt es nicht an Äußerungen der Bewunderung für den Schöpfer, den letzten Grund all dieser herrlichen Geheimnisse, aber nichts deutet darauf hin, daß er eine persönliche Beziehung zu dieser Gottesmacht festhalten wollte. Die Sätze, in welche er die tiefe Weisheit seiner letzten Lebensjahre gelegt hat, atmen die Resignation des Menschen, der sich der Ἀνάγκη, den Gesetzen der Natur, unterwirft und von der Güte oder Gnade Gottes keine Milderung erwartet. Es ist kaum ein Zweifel, daß Leonardo die dogmatische wie die persönliche Religion überwunden und sich durch seine Forscherarbeit weit von der Weltanschauung des gläubigen Christen entfernt hatte.

Aus unseren vorhin erwähnten Einsichten in die Entwicklung des kindlichen Seelenlebens wird uns die Annahme nahe gelegt, daß auch Leonardos erste Forschungen im Kindesalter sich mit den Problemen der Sexualität beschäftigten. Er verrät es uns aber selbst in durchsichtiger Verhüllung, indem er seinen Forscherdrang an die Geierphantasie knüpft und das Problem des Vogelfluges als eines hervorhebt, das ihm durch besondere Schicksalsverkettung zur Bearbeitung zugefallen sei. Eine recht dunkle, wie eine Prophezeiung klingende Stelle in seinen Aufzeichnungen, die den Vogelflug behandeln, bezeugt aufs Schönste, mit wie viel Affektinteresse er an dem Wunsche hing, die Kunst des Fliegens selbst nachahmen zu können: »Es wird seinen ersten Flug nehmen der große Vogel, vom Rücken seines großen Schwanes aus, das Universum mit Verblüffung, alle Schriften mit seinem Ruhme füllen und ewige Glorie sein dem Neste, wo er geboren ward.« [1]) Er hoffte wahrscheinlich, selbst einmal fliegen zu können, und wir wissen aus den wunscherfüllenden Träumen der Menschen, welche Seligkeit man sich von der Erfüllung dieser Hoffnung erwartet.

Warum träumen aber so viele Menschen vom Fliegenkönnen? Die Psychoanalyse gibt hierauf die Antwort, weil das Fliegen oder Vogel sein, nur die Verhüllung eines anderen Wunsches ist, zu dessen Erkennung mehr als eine sprachliche und sachliche Brücke führt. Wenn man der wißbegierigen Jugend erzählt, ein großer Vogel, wie der Storch, bringe die kleinen Kinder, wenn die Alten den Phallus geflügelt gebildet haben, wenn die gebräuchlichste Bezeichnung der Geschlechtstätigkeit des Mannes im Deutschen »vögeln« lautet, das Glied des Mannes bei den Italienern direkt l'uccello (Vogel) heißt, so sind das nur kleine Bruchstücke aus einem großen Zusammenhange, der uns lehrt, daß der Wunsch, fliegen zu können, im Traume nichts anderes bedeutet als die Sehnsucht, geschlechtlicher Leistungen fähig zu sein. Es ist dies ein frühinfantiler Wunsch. Wenn der Erwachsene seiner Kindheit gedenkt, so erscheint sie ihm als eine glückliche Zeit, in der man sich des Augenblickes freute und wunschlos der Zukunft entgegenging, und darum beneidet er die Kinder. Aber die Kinder selbst, wenn sie darüber Auskunft geben könnten, würden wahrscheinlich anderes berichten. Es scheint, daß die Kindheit nicht jenes selige Idyll ist, zu dem wir es nachträglich entstellen, daß die Kinder vielmehr von dem einen Wunsch, groß zu werden, es den Erwachsenen gleich zu tun, durch die Jahre der Kindheit gepeitscht werden. Dieser Wunsch treibt alle ihre Spiele. Ahnen die Kinder im Verlaufe ihrer Sexualforschung, daß der Erwachsene auf dem einen rätsel-

[1]) Nach M. Herzfeld, L. d. V., p. 32. »Der große Schwan« soll einen Hügel, Monte Cecero, bei Florenz bedeuten.

vollen und doch so wichtigen Gebiete etwas Großartiges kann, was ihnen zu wissen und zu tun versagt ist, so regt sich in ihnen ein ungestümer Wunsch, dasselbe zu können, und sie träumen davon in der Form des Fliegens oder bereiten diese Einkleidung des Wunsches für ihre späteren Flugträume vor. So hat also auch die Aviatik, die in unseren Zeiten endlich ihr Ziel erreicht, ihre infantile erotische Wurzel.

Indem uns Leonardo eingesteht, daß er zu dem Problem des Fliegens von Kinheit an eine besondere persönliche Beziehung verspürt hat, bestätigt er uns, daß seine Kinderforschung auf Sexuelles gerichtet war, wie wir es nach unseren Untersuchungen an den Kindern unserer Zeit vermuten mußten. Dies eine Problem wenigstens hatte sich der Verdrängung entzogen, die ihn später der Sexualität entfremdete; von den Kinderjahren an bis in die Zeit der vollsten intellektuellen Reife war ihm das nämliche mit leichter Sinnesabänderung interessant geblieben, und es ist sehr wohl möglich, daß ihm die gewünschte Kunst im primären sexuellen Sinne ebensowenig gelang wie im mechanischen, daß beide für ihn versagte Wünsche blieben.

Der große Leonardo blieb überhaupt sein ganzes Leben über in manchen Stücken kindlich; man sagt, daß alle großen Männer etwas Infantiles bewahren müssen. Er spielte auch als Erwachsener weiter und wurde auch dadurch manchmal seinen Zeitgenossen unheimlich und unbegreiflich. Wenn er zu höfischen Festlichkeiten und feierlichen Empfängen die kunstvollsten mechanischen Spielereien verfertigte, so sind nur wir damit unzufrieden, die den Meister nicht gern seine Kraft an solchen Tand wenden sehen; er selbst scheint sich nicht ungern mit diesen Dingen abgegeben zu haben, denn Vasari berichtet, daß er ähnliches machte, wo kein Auftrag ihn dazu nötigte: »Dort (in Rom) verfertigte er einen Teig von Wachs und formte daraus, wenn er fließend war, sehr zarte Tiere, mit Luft gefüllt; blies er hinein, so flogen sie, war die Luft heraus, so fielen sie zur Erde. Einer seltsamen Eidechse, welche der Winzer von Belvedere fand, machte er Flügel aus der abgezogenen Haut anderer Eidechsen, welche er mit Quecksilber füllte, so daß sie sich bewegten und zitterten, wenn sie ging; sodann machte er ihr Augen, Bart und Hörner, zähmte sie, tat sie in eine Schachtel und jagte alle seine Freunde damit in Furcht.«[1]) Oft dienten ihm solche Spielereien zum Ausdruck inhaltschwerer Gedanken: »Oftmals ließ er die Därme eines Hammels so fein ausputzen, daß man sie in der hohlen Hand hätte halten können; diese trug er in ein großes Zimmer, brachte in eine anstoßende Stube ein paar Schmiedeblasebälge, befestigte daran die Därme und blies sie auf, bis sie das ganze Zimmer einnahmen und man in eine Ecke flüchten mußte, so zeigte er, wie sie allmählich durchsichtig und von Luft erfüllt wurden, und indem sie anfangs auf einen kleinen Platz beschränkt sich mehr und mehr in den weiten Raum ausbreiteten, verglich er sie dem Genie.«[2]) Dieselbe spielerische Lust am harmlosen Verbergen und kunstvollen Einkleiden bezeugen seine Fabeln und Rätsel, letztere in die Form von »Prophezeiungen« gebracht, fast alle gedankenreich und in bemerkenswertem Maße des Witzes entbehrend.

Die Spiele und Sprünge, die Leonardo seiner Phantasie gestattete, haben in einigen Fällen seine Biographen, die diesen Charakter verkannten, in argen Irrtum gebracht. In den Mailänder Manuskripten Leonardos finden sich z. B. Entwürfe zu Briefen an den »Diodario von Sorio (Syrien), Statthalter des heiligen Sultan von Babylonia«, in denen Leonardo sich als Ingenieur einführt, der in diese Gegenden des Orients geschickt wurde, um gewisse Arbeiten auszuführen, sich gegen den Vorwurf der Trägheit verteidigt, geographische Beschreibungen von Städten und Bergen liefert und endlich ein großes Elementarereignis schildert, das dort in Leonardos Anwesenheit vorgefallen ist.[3])

J. P. Richter hat im Jahre 1881 aus diesen Schriftstücken zu beweisen gesucht, daß Leonardo wirklich im Dienste

---

[1]) Vasari, übersetzt von Schorn, 1843.

[2]) Ebenda, p. 39.

[3]) Über diese Briefe und die an sie geknüpften Kombinationen siehe: Müntz l. c., p. 82 ff.; den Wortlaut derselben und anderer an sie anschließender Aufzeichnungen bei M. Herzfeld l. c., p. 223 u. ff.

des Sultans von Ägypten diese Reisebeobachtungen angestellt und selbst im Orient die mohammedanische Religion angenommen habe. Dieser Aufenthalt sollte in die Zeit vor 1483, also vor der Übersiedlung an den Hof des Herzogs von Mailand fallen. Allein der Kritik anderer Autoren ist es nicht schwer geworden, die Belege für die angebliche Orientreise Leonardos als das zu erkennen, was sie in Wirklichkeit sind, phantastische Produktionen des jugendlichen Künstlers, die er zu seiner eigenen Unterhaltung schuf, in denen er vielleicht seine Wünsche, die Welt zu sehen und Abenteuer zu erleben, zum Ausdruck brachte.

Ein Phantasiegebilde ist wahrscheinlich auch die »Academia Vinciana«, deren Annahme auf dem Vorhandensein von fünf oder sechs höchst künstlich verschlungenen Emblemen mit der Inschrift der Akademie beruht. Vasari erwähnt diese Zeichnungen, aber nicht die Akademie.[1] Müntz, der ein solches Ornament auf den Deckel seines großen Leonardowerkes gesetzt hat, gehört zu den wenigen, die an die Realität einer »Academia Vinciana« glauben.

Es ist wahrscheinlich, daß dieser Spieltrieb Leonardos in seinen reiferen Jahren schwand, daß auch er in die Forschertätigkeit einmündete, welche die letzte und höchste Entfaltung seiner Persönlichkeit bedeutete. Aber seine lange Erhaltung kann uns lehren, wie langsam sich von seiner Kindheit losreißt, wer in seinen Kinderzeiten die höchste, später nicht wieder erreichte, erotische Seligkeit genossen hat.

VI.

Es wäre vergeblich sich darüber zu täuschen, daß die Leser heute alle Pathographie unschmackhaft finden. Die Ablehnung bekleidet sich mit dem Vorwurf, bei einer pathographischen Bearbeitung eines großen Mannes gelange man

[1] »Außerdem verlor er manche Zeit, indem er sogar ein Schnurgeflechte zeichnete, worin man den Faden von einem Ende bis zum anderen verfolgen konnte, bis er eine völlig kreisförmige Figur beschrieb; eine sehr schwierige und schöne Zeichnung der Art ist in Kupfer gestochen, in deren Mitte man die Worte liest: »Leonardus Vinci Academia« (p. 8).

nie zum Verständnis seiner Bedeutung und seiner Leistung; es sei daher unnützer Mutwillen, an ihm Dinge zu studieren, die man ebensowohl beim erstbesten anderen finden könne. Allein diese Kritik ist so offenbar ungerecht, daß sie nur als Vorwand und Verhüllung verständlich wird. Die Pathographie setzt sich überhaupt nicht das Ziel, die Leistung des großen Mannes verständlich zu machen; man darf doch niemand zum Vorwurf machen, daß er etwas nicht gehalten hat, was er niemals versprochen hatte. Die wirklichen Motive des Widerstrebens sind andere. Man findet sie auf, wenn man in Erwägung zieht, daß Biographen in ganz eigentümlicher Weise an ihren Helden fixiert sind. Sie haben ihn häufig zum Objekt ihrer Studien gewählt, weil sie ihm aus Gründen ihres persönlichen Gefühlslebens von vornherein eine besondere Affektion entgegenbrachten. Sie geben sich dann einer Idealisierungsarbeit hin, die bestrebt ist, den großen Mann in die Reihe ihrer infantilen Vorbilder einzutragen, etwa die kindliche Vorstellung des Vaters in ihm neuzubeleben. Sie löschen diesem Wunsche zuliebe die individuellen Züge in seiner Physiognomie aus, glätten die Spuren seines Lebenskampfes mit inneren und äußeren Widerständen, dulden an ihm keinen Rest von menschlicher Schwäche oder Unvollkommenheit und geben uns dann wirklich eine kalte, fremde Idealgestalt anstatt des Menschen, dem wir uns entfernt verwandt fühlen könnten. Es ist zu bedauern, daß sie dies tun, denn sie opfern damit die Wahrheit einer Illusion und verzichten zu Gunsten ihrer infantilen Phantasien auf die Gelegenheit, in die reizvollsten Geheimnisse der menschlichen Natur einzudringen. [1])

Leonardo selbst hätte in seiner Wahrheitsliebe und seinem Wissensdrange den Versuch nicht abgewehrt, aus den kleinen Seltsamkeiten und Rätseln seines Wesens die Bedingungen seiner seelischen und intellektuellen Entwicklung zu erraten. Wir huldigen ihm, indem wir an ihm lernen. Es beeinträchtigt seine Größe nicht, wenn wir die Opfer studieren, die seine

[1]) Diese Kritik soll ganz allgemein gelten und nicht etwa auf die Biographen Leonardos besonders zielen.

Entwicklung aus dem Kinde kosten mußte, und die Momente zusammentragen, die seiner Person den tragischen Zug des Mißglückens eingeprägt haben.

Heben wir ausdrücklich hervor, daß wir Leonardo niemals zu den Neurotikern oder »Nervenkranken«, wie das ungeschickte Wort lautet, gezählt haben. Wer sich darüber beklagt, daß wir es überhaupt wagen, aus der Pathologie gewonnene Gesichtspunkte auf ihn anzuwenden, der hält noch an Vorurteilen fest, die wir heute mit Recht aufgegeben haben. Wir glauben nicht mehr, daß Gesundheit und Krankheit, Normale und Nervöse, scharf von einander zu sondern sind, und daß neurotische Züge als Beweise einer allgemeinen Minderwertigkeit beurteilt werden müssen. Wir wissen heute, daß die neurotischen Symptome Ersatzbildungen für gewisse Verdrängungsleistungen sind, welche wir im Laufe unserer Entwicklung vom Kinde bis zum Kulturmenschen zu vollbringen haben, daß wir alle solche Ersatzbildungen produzieren, und daß nur die Anzahl, Intensität und Verteilung dieser Ersatzbildungen den praktischen Begriff des Krankseins und den Schluß auf konstitutionelle Minderwertigkeit rechtfertigen. Nach den kleinen Anzeichen an Leonardos Persönlichkeit dürfen wir ihn in die Nähe jenes neurotischen Typus stellen, den wir als »Zwangstypus« bezeichnen, sein Forschen mit dem »Grübelzwang« der Neurotiker, seine Hemmungen mit den sog. Abulien derselben vergleichen.

Das Ziel unserer Arbeit war die Erklärung der Hemmungen in Leonardos Sexualleben und in seiner künstlerischen Tätigkeit. Es ist uns gestattet, zu diesem Zwecke zusammenzufassen, was wir über den Verlauf seiner psychischen Entwicklung erraten konnten.

Die Einsicht in seine hereditären Verhältnisse ist uns versagt, dagegen erkennen wir, daß die akzidentellen Umstände seiner Kindheit eine tiefgreifende störende Wirkung ausüben. Seine illegitime Geburt entzieht ihn bis vielleicht zum fünften Jahre dem Einflusse des Vaters und überläßt ihn der zärtlichen Verführung einer Mutter, deren einziger Trost er ist. Von ihr zur sexuellen Frühreife emporgeküßt, muß er wohl in eine Phase infantiler Sexualbetätigung eingetreten sein, von welcher nur eine einzige Äußerung sicher bezeugt ist, die Intensität seiner infantilen Sexualforschung. Schau- und Wißtrieb werden durch seine frühkindlichen Eindrücke am stärksten erregt; die erogene Mundzone empfängt eine Betonung, die sie nie mehr abgibt. Aus dem später gegenteiligen Verhalten, wie dem übergroßen Mitleid mit Tieren, können wir schließen, daß es in dieser Kindheitsperiode an kräftigen sadistischen Zügen nicht fehlte.

Ein energischer Verdrängungsschub bereitet diesem kindlichen Übermaß ein Ende und stellt die Dispositionen fest, die in den Jahren der Pubertät zum Vorschein kommen werden. Die Abwendung von jeder grobsinnlichen Betätigung wird das augenfälligste Ergebnis der Umwandlung sein; Leonardo wird abstinent leben können und den Eindruck eines asexuellen Menschen machen. Wenn die Fluten der Pubertätserregung über den Knaben kommen, werden sie ihn aber nicht krank machen, indem sie ihn zu kostspieligen und schädlichen Ersatzbildungen nötigen; der größere Anteil der Bedürftigkeit des Geschlechtstriebes wird sich Dank der frühzeitigen Bevorzugung der sexuellen Wißbegierde zu allgemeinem Wissensdrang sublimieren können und so der Verdrängung ausweichen. Ein weit geringerer Anteil der Libido wird sexuellen Zielen zugewendet bleiben und das verkümmerte Geschlechtsleben des Erwachsenen repräsentieren. Infolge der Verdrängung der Liebe zur Mutter wird dieser Anteil in homosexuelle Einstellung gedrängt werden und sich als ideelle Knabenliebe kundgeben. Im Unbewußten bleibt die Fixierung an die Mutter und an die seligen Erinnerungen des Verkehres mit ihr bewahrt, verharrt aber vorläufig in inaktivem Zustand. In solcher Weise teilen sich Verdrängung, Fixierung und Sublimierung in die Verfügung über die Beiträge, welche der Sexualtrieb zum Seelenleben Leonardos leistet.

Aus dunkler Knabenzeit taucht Leonardo als Künstler, Maler und Plastiker vor uns auf, dank einer spezifischen Begabung, die der frühzeitigen Erweckung des Schautriebes in ersten Kinderjahren eine Verstärkung schulden mag. Gerne würden wir angeben wollen, in welcher Weise sich die künstlerische Betätigung auf die seelischen Urtriebe zurückführt, wenn nicht gerade hier unsere Mittel versagen würden. Wir bescheiden uns die kaum mehr zweifelhafte Tatsache hervorzuheben, daß das Schaffen des Künstlers auch seinem sexuellen Begehren Ableitung gibt, und für Leonardo auf die von Vasari übermittelte Nachricht hinzuweisen, daß Köpfe von lächelnden Frauen und schönen Knaben, also Darstellungen seiner Sexualobjekte, unter seinen ersten künstlerischen Versuchen auffielen. In aufblühender Jugend scheint Leonardo zunächst ungehemmt zu arbeiten. Wie er in seiner äußeren Lebensführung den Vater zum Vorbild nimmt, so durchlebt er eine Zeit von männlicher Schaffenskraft und künstlerischer Produktivität in Mailand, wo ihn die Gunst des Schicksals im Herzog Lodovico Moro einen Vaterersatz finden läßt. Aber bald bewährt sich an ihm die Erfahrung, daß die fast völlige Unterdrückung des realen Sexuallebens nicht die günstigsten Bedingungen für die Betätigung der sublimierten sexuellen Strebungen ergibt. Die Vorbildlichkeit des Sexuallebens macht sich geltend, die Aktivität und die Fähigkeit zu raschem Entschluß beginnen zu erlahmen, die Neigung zum Erwägen und Verzögern wird schon beim heiligen Abendmahl störend bemerkbar und bestimmt durch die Beeinflussung der Technik das Schicksal dieses großartigen Werkes. Langsam vollzieht sich nun bei ihm ein Vorgang, den man nur den Regressionen bei Neurotikern an die Seite stellen kann. Die Pubertätsentfaltung seines Wesens zum Künstler wird durch die frühinfantil bedingte zum Forscher überholt, die zweite Sublimierung seiner erotischen Triebe tritt gegen die uranfängliche, bei der ersten Verdrängung vorbereitete, zurück. Er wird zum Forscher, zuerst noch im Dienste seiner Kunst, später unabhängig von ihr und von ihr weg. Mit dem Verlust des den Vater ersetzenden Gönners und der zunehmenden Verdüsterung im Leben greift diese regressive Ersetzung immer mehr um sich. Er wird »impacientissimo al pennello«, wie ein Korrespondent der Markgräfin Isabella d'Este berichtet, die durchaus noch ein Bild von seiner Hand besitzen will.[1]) Seine kindliche Vergangenheit hat Macht über ihn bekommen. Das Forschen aber, das ihm nun das künstlerische Schaffen ersetzt, scheint einige der Züge an sich zu tragen, welche die Betätigung unbewußter Triebe kennzeichnen, die Unersättlichkeit, die rücksichtslose Starrheit, den Mangel an Fähigkeit, sich realen Verhältnissen anzupassen.

Auf der Höhe seines Lebens, in den ersten fünfziger Jahren, zu einer Zeit, da beim Weibe die Geschlechtscharaktere bereits rückgebildet sind, beim Manne nicht selten die Libido noch einen energischen Vorstoß wagt, kommt eine neue Wandlung über ihn. Noch tiefere Schichten seines seelischen Inhaltes werden von neuem aktiv, aber diese weitere Regression kommt seiner Kunst zu gute, die im Verkümmern war. Er begegnet dem Weibe, welches die Erinnerung an das glückliche und sinnlich verzückte Lächeln der Mutter bei ihm weckt, und unter dem Einfluß dieser Erweckung gewinnt er den Antrieb wieder, der ihn zu Beginn seiner künstlerischen Versuche, als er die lächelnden Frauen bildete, geleitet. Er malt die Monna Lisa, die hl. Anna selbdritt und die Reihe der geheimnisvollen, durch das rätselhafte Lächeln ausgezeichneten Bilder. Mit Hilfe seiner urältesten erotischen Regungen feiert er den Triumph, die Hemmung in seiner Kunst noch einmal zu überwinden. Diese letzte Entwicklung verschwimmt für uns im Dunkel des herannahenden Alters. Sein Intellekt hat sich noch vorher zu den höchsten Leistungen einer seine Zeit weit hinter sich lassenden Weltanschauung aufgeschwungen.

Ich habe in den voranstehenden Abschnitten angeführt, was zu einer solchen Darstellung des Entwicklungsganges Leonardos, zu einer derartigen Gliederung seines Lebens und Aufklärung seines Schwankens zwischen Kunst und Wissenschaft berechtigen kann. Sollte ich mit diesen Ausführungen auch bei Freunden und Kennern der Psychoanalyse das Urteil hervorrufen, daß ich bloß einen psychoanalytischen Roman geschrieben habe, so werde ich antworten, daß ich die Sicherheit dieser Ergebnisse gewiß nicht überschätze. Ich bin wie Andere

[1]) v. Seidlitz, II, p. 271.

der Anziehung unterlegen, die von diesem großen und rätselhaften Manne ausgeht, in dessen Wesen man mächtige triebhafte Leidenschaften zu verspüren glaubt, die sich doch nur so merkwürdig gedämpft äußern können.

Was immer aber die Wahrheit über Leonardos Leben sein mag, wir können von unserem Versuche, sie psychoanalytisch zu ergründen, nicht eher ablassen, als bis wir eine andere Aufgabe erledigt haben. Wir müssen ganz allgemein die Grenzen abstecken, welche der Leistungsfähigkeit der Psychoanalyse in der Biographik gesetzt sind, damit uns nicht jede unterbliebene Erklärung als ein Mißerfolg ausgelegt werde. Der psychoanalytischen Untersuchung stehen als Material die Daten der Lebensgeschichte zur Verfügung, einerseits die Zufälligkeiten der Begebenheiten und Milieueinflüsse, anderseits die berichteten Reaktionen des Individuums. Gestützt auf ihre Kenntnis der psychischen Mechanismen sucht sie nun das Wesen des Individuums aus seinen Reaktionen dynamisch zu ergründen, seine ursprünglichen seelischen Triebkräfte aufzudecken sowie deren spätere Umwandlungen und Entwicklungen. Gelingt dies, so ist das Lebensverhalten der Persönlichkeit durch das Zusammenwirken von Konstitution und Schicksal, inneren Kräften und äußeren Mächten aufgeklärt. Wenn ein solches Unternehmen, wie vielleicht im Falle Leonardos, keine gesicherten Resultate ergibt, so liegt die Schuld nicht an der fehlerhaften oder unzulänglichen Methodik der Psychoanalyse, sondern an der Unsicherheit und Lückenhaftigkeit des Materials, welches die Überlieferung für diese Person beistellt. Für das Mißglücken ist also nur der Autor verantwortlich zu machen, der die Psychoanalyse genötigt hat, auf so unzureichendes Material hin ein Gutachten abzugeben.

Aber selbst bei ausgiebigster Verfügung über das historische Material und bei gesichertster Handhabung der psychischen Mechanismen würde eine psychoanalytische Untersuchung an zwei bedeutsamen Stellen die Einsicht in die Notwendigkeit nicht ergeben können, daß das Individuum nur so und nicht anders werden konnte. Wir haben bei Leonardo die Ansicht vertreten müssen, daß die Zufälligkeit seiner illegitimen Geburt und die Überzärtlichkeit seiner Mutter den entscheidendsten Einfluß auf seine Charakterbildung und sein späteres Schicksal übten, indem die nach dieser Kindheitsphase eintretende Sexualverdrängung ihn zur Sublimierung der Libido in Wissensdrang veranlaßte und seine sexuelle Inaktivität fürs ganze spätere Leben feststellte. Aber diese Verdrängung nach den ersten erotischen Befriedigungen der Kindheit hätte nicht eintreten müssen; sie wäre bei einem anderen Individuum vielleicht nicht eingetreten oder wäre weit weniger ausgiebig ausgefallen. Wir müssen hier einen Grad von Freiheit anerkennen, der psychoanalytisch nicht mehr aufzulösen ist. Ebensowenig darf man den Ausgang dieses Verdrängungsschubes als den einzig möglichen Ausgang hinstellen wollen. Einer anderen Person wäre es wahrscheinlich nicht geglückt, den Hauptanteil der Libido der Verdrängung durch die Sublimierung zur Wißbegierde zu entziehen; unter den gleichen Einwirkungen wie Leonardo hätte sie eine dauernde Beeinträchtigung der Denkarbeit oder eine nicht zu bewältigende Disposition zur Zwangsneurose davongetragen. Diese zwei Eigentümlichkeiten Leonardos erübrigen also als unerklärbar durch psychoanalytische Bemühung: seine ganz besondere Neigung zu Triebverdrängungen und seine außerordentliche Fähigkeit zur Sublimierung der primitiven Triebe.

Die Triebe und ihre Umwandlungen sind das letzte, das die Psychoanalyse erkennen kann. Von da an räumt sie der biologischen Forschung den Platz. Verdrängungsneigung sowie Sublimierungsfähigkeit sind wir genötigt, auf die organischen Grundlagen des Charakters zurückzuführen, über welche erst sich das seelische Gebäude erhebt. Da die künstlerische Begabung und Leistungsfähigkeit mit der Sublimierung innig zusammenhängt, müssen wir zugestehen, daß auch das Wesen der künstlerischen Leistung uns psychoanalytisch unzugänglich ist. Die biologische Forschung unserer Zeit neigt dazu, die Hauptzüge der organischen Konstitution eines Menschen durch die Vermengung männlicher und weiblicher

Anlagen im stofflichen Sinne zu erklären; die Körperschönheit wie die Linkshändigkeit Leonardos gestatteten hier manche Anlehnung. Doch wir wollen den Boden rein psychologischer Forschung nicht verlassen. Unser Ziel bleibt der Nachweis des Zusammenhanges zwischen äußeren Erlebnissen und Reaktionen der Person über den Weg der Triebbetätigung. Wenn uns die Psychoanalyse auch die Tatsache der Künstlerschaft Leonardos nicht aufklärt, so macht sie uns doch die Äußerungen und die Einschränkungen derselben verständlich. Scheint es doch, als hätte nur ein Mann mit den Kindheitserlebnissen Leonardos die Monna Lisa und die heilige Anna selbdritt malen, seinen Werken jenes traurige Schicksal bereiten und so unerhörten Aufschwung als Naturforscher nehmen können, als läge der Schlüssel zu all seinen Leistungen und seinem Mißgeschick in der Kindheitsphantasie vom Geier verborgen.

Darf man aber nicht Anstoß nehmen an den Ergebnissen einer Untersuchung, welche den Zufälligkeiten der Elternkonstellation einen so entscheidenden Einfluß auf das Schicksal eines Menschen einräumt, das Schicksal Leonardos z. B. von seiner illegitimen Geburt und der Unfruchtbarkeit seiner ersten Stiefmutter Donna Albiera abhängig macht? Ich glaube, man hat kein Recht dazu; wenn man den Zufall für unwürdig hält, über unser Schicksal zu entscheiden, ist es bloß ein Rückfall in die fromme Weltanschauung, deren Überwindung Leonardo selbst vorbereitete, als er niederschrieb, die Sonne bewege sich nicht. Wir sind natürlich gekränkt darüber, daß ein gerechter Gott und eine gütige Vorsehung uns nicht besser vor solchen Einwirkungen in unserer wehrlosesten Lebenszeit behüten. Wir vergessen dabei gern, daß eigentlich alles an unserem Leben Zufall ist, von unserer Entstehung an durch das Zusammentreffen von Spermatozoon und Ei, Zufall, der darum doch an der Gesetzmäßigkeit und Notwendigkeit der Natur seinen Anteil hat, bloß der Beziehung zu unseren Wünschen und Illusionen entbehrt. Die Aufteilung unserer Lebensdeterminierung zwischen den »Notwendigkeiten« unserer Konstitution und den »Zufälligkeiten« unserer Kindheit mag im einzelnen noch ungesichert sein; im ganzen läßt sich aber ein Zweifel an der Bedeutsamkeit gerade unserer ersten Kinderjahre nicht mehr festhalten. Wir zeigen alle noch zu wenig Respekt vor der Natur, die nach Leonardos dunklen, an Hamlets Rede gemahnenden Worten »voll ist zahlloser Ursachen, die niemals in die Erfahrung traten« (La natura è piena d'infinite ragioni che non furono mai in isperienza). [1]) Jeder von uns Menschenwesen entspricht einem der ungezählten Experimente, in denen diese ragioni der Natur sich in die Erfahrung drängen.

[1]) M. Herzfeld l. c., p. 11.